Theologische Impulse
Band 2

Ehe und Sexualität

herausgegeben von:

Wilfrid Haubeck
Wolfgang Heinrichs
Michael Schröder

Redaktion:
Wolfgang Heinrichs

BUNDES-VERLAG

© 2000 Bundes-Verlag Witten
Umschlag: Jörg Peter
Gesamtherstellung: Breklumer Druckerei Manfred Siegel KG
ISBN 3-933-66041-6

Inhalt

Er schuf sie als Mann und Frau - der Mensch
als geschlechtliches Wesen.. 7
Jürgen van Oorschot

Das Verständnis der Ehe nach der Heiligen Schrift........................... 33
Ernst Kirchhof

Erotik und Sexualität in der Ehe... 57
Matthias Hipler

Ehescheidung und Wiederheirat-
unsere ethische und seelsorgerliche Verantwortung.......................... 73
Willy Weber

Gleichgeschlechtliche Liebe.. 101
Christl Vonholdt

Zur Ehe heute... 119
Stellungnahme der Bundesleitung
des Bundes Freier evangelischer Gemeinden

Vorwort

Der zweite Band der neuen Reihe „Theologische Impulse" ist dem Thema „Ehe und Sexualität" gewidmet. Die Veränderungen in der gesellschaftlichen Einstellung zur Ehe und zum Zusammenleben der Geschlechter haben in den Kirchen eine lebhafte Diskussion über diese Fragen ausgelöst. Einzelne Veröffentlichungen und kirchliche Stellungnahmen stellen die Leitbildfunktion von Ehe und Familie in Frage. Dies geschieht auch durch den in diesem Jahr eingebrachten Entwurf der Bundesregierung zur Gleichstellung von homosexuellen Partnerschaften.

Angesichts dieser Veränderungen fragen die Autoren nach dem Willen Gottes, wie er in der Bibel bezeugt ist. Sie sind überzeugt, daß Gott uns in seinem Wort gute Ordnungen gegeben hat, die dazu helfen sollen, daß das Leben als Frau und Mann gelingen kann.

Gott hat den Menschen als Mann und Frau zu seinem Gegenüber erschaffen. So bezeugt es die Bibel in ihrem ersten Kapitel. Das zeigt nach Jesu Worten, daß Mann und Frau in der Ehe zusammengehören, so daß sie zu „einem Leib" werden, d.h. sie bilden eine umfassende persönliche Gemeinschaft auf allen Gebieten, in die ihre sexuelle Beziehung eingebettet ist. In dieser Ordnung für das Zusammenleben von Mann und Frau kommt Gottes guter Schöpferwille für den Menschen zum Ausdruck.

Auch die Menschen, die aus unterschiedlichen Gründen keine Ehe eingehen, leben als Männer und Frauen in Beziehungen zueinander. Dazu gehört ihre Geschlechtlichkeit, die Gott ihnen als seinen Geschöpfen gegeben hat und die zum menschlichen Wesen gehört. Daher geht es beim Umgang mit der Geschlechtlichkeit immer auch um die Würde des Menschen. Sie ist deshalb nicht nur die private Angelegenheit von zwei Menschen, sondern wie sie gelebt wird, wirkt sich auf das Zusammenleben der Geschlechter in der Gemeinschaft von Familie, Gemeinde und Gesellschaft aus.

Bei den Beziehungen der Geschlechter geht es also um eine aktuelle und zugleich äußerst wichtige Frage. Die Aufsätze dieses Bandes wollen zu verschiedenen Aspekten der Thematik Orientierung vermitteln und Hilfen anbieten. Als Anhang ist dem Band die Stellungnahme der Leitung des Bundes Freier evangelischer Gemeinden „Zur Ehe heute" aus dem Jahr 1998 beigegeben.

Dietzhölztal, im Juli 2000
Wilfrid Haubeck

„Er schuf sie als Mann und Frau"
- der Mensch als geschlechtliches Wesen[1]

von Jürgen van Oorschot

> „großer gott:
> uns näher
> als haut
> oder halsschlagader
> kleiner
> als herzmuskel
> zwerchfell oft:
> zu nahe
> zu klein -
> wozu
> dich suchen?
>
> wir:
> deine verstecke"[2]

Dieses Gedicht von Kurt Marti weist auf ein Geheimnis hin: Der Mensch als Versteck Gottes. Und wenn wir im folgenden über diesen Menschen nachdenken, so müssen wir uns bewußt bleiben, daß wir ein Geheimnis umschreiben. Wie Gott entzieht sich auch sein Ebenbild letztlich jeder Definition.[3] Begegnet er uns in der einzig konkreten Gestalt einer Frau und eines Mannes, so stehen wir damit vor dem Unergründlichen, daß in jedem von uns verborgen liegt.

---

[1] Der Aufsatz geht auf einen Vortrag auf der Theologischen Woche des Bundes Freier evangelischer Gemeinden im April 2000 zurück. Die Vortragsform wurde beibehalten

[2] Kurt Marti, Der Leben. Ausgewählte Gedichte 1959-1987, Sammlung Luchterhand 842, Frankfurt/M. 1989, 100.

[3] Vgl. E. Jüngel, Wertlose Wahrheit, 1990, 199.

Wie können wir uns diesem Geheimnis denkend nähern? Was bedeutet es: „Er schuf sie als Mann und Frau"? Mit dem mir gestellten Thema verbinden sich in der Gegenwart eine Fülle leidenschaftlich diskutierter Fragen. Es gibt viel Fragwürdiges - im doppelten Sinn des Wortes. Wir behandeln das Thema auf unserer Tagung nun, abgesehen von einem Vortrag über gleichgeschlechtliche Liebe und zwei Praxisseminaren, ausschließlich unter dem Blickwinkel der Ehe. Diese Begrenzung ist gewollt und auch ich halte mich deshalb im wesentlichen daran. Von meinem Thema her muß ich allerdings auf die damit verbundene Einengung hinweisen. Wenn der Mensch nur als Mann oder Frau existiert, dann betrifft dies das Leben innerhalb und außerhalb der Ehe, Verheiratete und die vielfältigen Formen des Lebens als Einzelner. Auch die gesellschaftliche Wirklichkeit wird uns mehr und mehr zwingen, über das Mann- und Frausein außerhalb der Ehe theologisch nachzudenken. Die Zahl der Single-Haushalte hat in den letzten Jahren deutlich zugenommen, wie eine vor wenigen Wochen veröffentlichte Statistik ausweist. Zugleich haben sich die Zeiten vor der Eheschließung verlängert und die Zahl der im Alter allein Lebenden nimmt zu. Ich habe den Eindruck, daß wir bei diesem Aspekt des Themas noch ziemlich am Anfang stehen: Mann und Frau als geschlechtliches Wesen außerhalb der Ehe.

Wenn vom Verhältnis der Geschlechter die Rede ist, so verbinden sich damit in dem zu Ende gehenden Jahrhundert eine Reihe von grundlegenden Umwälzungen. In einem bis dahin nie gekannten Ausmaß haben Frauen nicht nur eine rechtliche Gleichstellung erfahren. Wir finden sie in Berufen und Positionen unserer Gesellschaft, in denen sie unsere Großväter und -mütter nie erwartet hätten. Damit verbunden, gab es eine intensive Diskussion zum Rollenverständnis von Frau und Mann und zu den Lebensformen. In den Gemeinden und Kirchen setzt sich diese Entwicklung in Auseinandersetzungen um den Leitungs- und Pastorendienst von Frauen fort. Dahinter steht auch ein Ringen um die weiblichen und männlichen Gottesbilder.

Der Bibelwissenschaftler will in das Gespräch über den Menschen als Mann und Frau biblisch-anthropologische Grundlagen einbringen, wie sie sich vor allem in Gen 1-3 zeigen. Darauf liegt das Schwergewicht des Referats. Davon ausgehend sollen in einem zweiten Abschnitt die heilsgeschichtlichen und dogmatischen Systematisierungen besehen werden. In zwei abschließenden Punkten wird dann die Rollenbestimmung von Mann und Frau und die Geschlechtlichkeit mehr angerissen als entfaltet.

1. Anthropologische Grundlagen - eine problemorientierte Auslegung zu Gen. 1-3

1.1 Exegetische Verständigung

Die vorliegende Fassung der Urgeschichten vereint zwei Erzählstränge mit je eigenen Akzentsetzungen. Üblicherweise werden sie einer älteren, vorpriesterlichen Erzähltradition[4] und einer jüngeren, priesterlichen zugewiesen. Beide greifen auf vorgegebenes Überlieferungsgut aus dem Bereich des westsemitischen Kulturraumes zurück. Die Erzählungen in Gen 1 und Gen 2-3 wollen nicht als isolierte Einzelgeschichten verstanden werden. Sie sind vielmehr in einen größeren Erzählrahmen eingebunden und können nur in ihm angemessen interpretiert werden. Von der Erzählart her ist zu berücksichtigen, daß wir es mit Urgeschichten als Schöpfungs-, Kultur-, und Schuld-Strafe-Erzählungen zu tun haben[5], die orientierende Aussagen über die Welt ihrer Hörer machen wollen. Sie fragen also nach Grund und Ursache der vorfindlichen Welt, was man in der Fachsprache die ätiologische Frage nennt. Über die Datierung der großen Erzählstränge gibt es gegenwärtig keine Einigkeit. Ich selbst sehe sie zeitlich nahe beieinander. Sowohl Gen 1 als auch Gen 2 und 3 setzen das Deuteronomium voraus.

1.2 Gen 1,26-28

26 Und Gott sprach: Laßt uns Menschen machen als unser Bild, wie unsere Ähnlichkeit, daß sie herrschen über die Fische des Meeres und die Vögel des Himmels und über das Vieh und über alles Getier[6] der Erde und über alles Gewürm, das über die Erde kriecht.
27 Da schuf Gott den Menschen als sein Bild,
als Gottesbild schuf er ihn,

---

[4] Zur Diskussion um die Vorgeschichte von Gen 2,4bff vgl. E. Otto, Theologische Ethik des Altes Testaments, ThWi 3,2, 1994, 61f.

[5] Vgl. immer noch C.Westermann, Arten der Erzählung in der Genesis, in: Ders., Forschung am Alten Testament, ThB 24, München 1964, 9-91.

[6] Mit der syrischen Übersetzung ist hier ein weggefallenes Wort („Getier") zu ergänzen.

männlich und weiblich schuf er sie.
28 Und Gott segnete sie und sprach zu ihnen: Seid fruchtbar und werdet zahlreich und füllet die Erde und unterwerft sie euch!
Und herrscht über die Fische im Meer und über die Vögel des Himmels und über alles Getier, das sich regt auf der Erde.

Der Mensch wird als Ebenbild Gottes erschaffen. Die hebräischen Begriffe von *soeloem* und *d*e*mut*, bezeichnen im Hebräischen das ausgehauene Rundbild, die Plastik also, und das Ähnliche, die Kopie bzw. das Modell. Wenn man den Wortsinn der viel behandelten Aussage aufnimmt, so wird uns hier der Mensch als vollplastische Kopie Gottes vorgestellt. Nun besteht die Ebenbildlichkeit allerdings nicht in einer äußeren oder inneren Eigenschaft.[7] Er ist nicht auf Grund seines aufrechten Ganges (L.Köhler) oder als Vernunftwesen Gottes Ebenbild.[8] Als ganzer Mensch ist er Repräsentant Gottes. Seine Funktion entspricht der des ägyptischen Pharao, der als Stellvertreter der obersten Gottheit für Gerechtigkeit und Schutz zu sorgen hatte. Diese ehemals den altorientalischen Königen vorbehaltene Rolle, wie wir sie auch im Hintergrund der israelitischen Königsvorstellung eines Psalm 2,7 oder 45,7 erkennen können, wird nun jedem Menschen zugewiesen. Eher nebenbei merke ich an, daß diese Ebenbildlichkeit nicht mit dem sogenannten Sündenfall verloren geht. So zeigt es Gen 5,1-3 und 9,6. Theologisch heißt dies, daß sie nicht an eine bestimmte Eigenschaft oder Qualität des Menschen gebunden wird. Sie gehört vielmehr zu seiner unverlierbaren Würde.[9]
Jeder Mensch, als Ebenbild Gottes geschaffen, ist somit zur stellvertretenden Herrschaft gerufen und unter den Schöpfungssegen gestellt. So formulieren wir es als Theologen. Damit bleiben wir allerdings hinter der Aussage des ersten Schöpfungsberichts zurück. Nimmt man sie ernst, so gilt diese Berufung Adam[10] als männlichem und weiblichem Wesen (Gen

---

[7] Mit den Worten Karl Barths könnte man sagen: „Sie besteht nicht in irgendetwas, was der Mensch tut oder ist. Sie besteht, indem der Mensch selber und als solcher als Gottes Geschöpf besteht." (KD III/1, 206f.).

[8] Zur Diskussion vgl. alttestamentlich u.a. W.H.Schmidt, Alttestamentlicher Glaube, Neukirchen-Vluyn 1996 8, 263-268, und systematisch-theologisch W.Härle, Dogmatik, Berlin und New York 1995, u.a. 434-437.

[9] Dieser Aspekt ist besonders in der ethischen Diskussion zu Fragen der Bioethik von großer Bedeutung.

[10] Dem „Roten", der aus der roten Erde geschaffen wurde, wie wir später erfahren....

1,27b).[11] Nur in dieser Zweiheit, oder präziser: nur in der Polarität der Geschlechter existiert der Mensch. Es gibt den Menschen nur als männlich und weiblich, was als Hinweis auf die unausweichliche Sozialität von Mann und Frau zu verstehen ist. Die Bezeichnung „Mensch" stellt bereits ein Abstraktum dar. Aus dieser fundamentalen anthropologischen Bestimmung in Gen 1 ergeben sich vier Konsequenzen für unser Thema.

Erstens: Ur- und Leitbild für das Mensch-sein ist nicht der Mann. Genau das hätte allerdings nahegelegen. Noch Gen 2 läßt die traditionelle Erzählung von der Erschaffung des ersten Menschen als des ersten Mannes im Hintergrund erkennen. So entsprach und entspricht es dem androzentrischen Denken. Gen 1 durchbricht diese Selbstverständlichkeit einer patriarchalen Welt, deren prägende Kraft ansonsten in Israel und im Alten Testament deutlich erkennbar ist. Der Glaube an den einen Gott verwandelt die Gegebenheiten der Zeit. Der monotheistische Glaube kann Gott nicht mehr als Mann neben einer weiblichen Gottheit denken und so überwindet, transzendiert er einlinig männliche oder weibliche Gottesbilder. Nach Dtn 4,16 ist Gott nicht abbildbar, weder in der Gestalt einer Frau noch in der eines Mannes.[13] Wenn er uns in Sprachbildern näher gebracht werden soll, so verwendet das Alte Testament dazu männliche und weibliche, auch wenn die ersteren deutlich in der Überzahl sind. Jahwe wirkt als Hebamme (Ps 22,10). Er „trägt" den Menschen von der Geburt bis ins hohe Alter (Jes 46,3f.) und übernimmt damit Aufgaben, die im syrischkanaanäischen Bereich der Göttin zufallen. Sein Erbarmen entspricht dem einer Mutter, die ihren Säugling nicht vergißt (Jes 49,15). Er kann sein Volk trösten, wie einen seine Mutter tröstet (Jes 66,13 - vgl. Num

---

[11] Diese letzte Unterscheidung von „männlich und weiblich" findet sich sonst meist in priesterlichen Texten. Angewandt auf Tiere (Gen 6,19; 7,16 u.ö.) und auf Menschen (Lev 12,2-7; 27,2-7 u.ö.) werden dabei kultische Ordnungen erlassen. Es handelt sich also um eine Unterscheidung, die hier aus dem kultischen Bereich einfließt und nicht aus dem juristischen (so Gunkel). Als Mensch vor Gott gibt es sie nur als männlich und weiblich. Fragen sozialer und rechtlicher Regelung im Zusammenleben sind hier nicht von Interesse.

[12] Vgl. zur Diskussion auch den Versuch bei O.H.Steck, Der Schöpfungsbericht der Priesterschrift, Göttingen 1981², 41-58, eine ältere Vorstufe der jetzigen Fassung herauszuarbeiten.

[13] Diese deuteronomistische (dtr) Formulierung entfaltet andere Aussagen des Deuteronomiums (Dtn - 5. Mosebuch) - u.a. Dtn 5,6-10. Zur Transzendenz Gottes vgl. 1.Kö 8,27 oder Ps 90,2.

11,12). Die theologische Richtung dieser Redeweise wird sehr schön in Dtn 32,18, im Lied des Mose, deutlich:

*„Den Felsen, der dich zeugte, hast du vernachlässigt
und den Gott, der dich unter Wehen gebar, hast du vergessen."*

Gott als Zeugender und als Gebärende. Erst die männlichen zusammen mit den weiblichen Sprach- und Erfahrungsbereichen scheinen den biblischen Verfassern eine angemessene theologische Redeform zu sein. Was bedeutet das für unsere eigene Rede von Gott? Kann es gelingen für Seelsorge, Verkündigung und Gottesdienst, Erfahrungen und Sprachkraft hinzuzugewinnen, ohne den Einseitigkeiten zu verfallen, an denen Versuche feministischer Theologien leicht kranken? Das biblische Gottes- und Menschenbild verlangt uns jedenfalls ernsthafte Bemühung in diesem Bereich ab. Denn: *Ur- und Leitbild für das Mensch-sein ist nicht der Mann.*

Zweitens: Ur- und Leitbild für das Mensch-sein ist nicht ein geschlechtliches Mischwesen.[14] Die Vorstellung des Urmenschen als einer harmonischen Verbindung von Mann und Frau hat eine lange Tradition. Gerade die gegenwärtige Tendenz zur Einebnung der Unterschiede zwischen den Geschlechtern bis in die Mode hinein zeigt ihre Anziehungskraft. In der jüdisch-christlichen Geistesgeschichte spielte dabei der entsprechende Passus in Platons Symposion eine wichtige Rolle.[15] Er beeinflußte auch die Auslegung von Gen 2,21f. etwa bei Philo von Alexandrien, der Mann und Frau als zwei getrennte Hälften des ehemals einen Menschen „harmonischen Geschlechts" versteht.[16] Ich kann den verschiedenen Spielarten dieser Vorstellung und den damit verbundenen Lebensformen nicht

---

[14] Hermaphrodite, der zum Zwitter gewordene Sohn des Hermes und der Aphrodite.

[15] Im Mund des Sokrates finden wir diese Aussage in Platons Symposion, 189dff.

[16] Trotz kritischer Äußerungen dazu in De vita contemplativa 57ff. rezipiert er ihn indirekt in QG I/25 und De opificio mundi 151f. - zu weiteren Beispielen für den Einfluß auf die jüdische Auslegung vgl. das Material bei E.L.Dietrich, Der Urmensch als Androgyn, ZKG 58, 1939, 291-345, und W.A.Meeks, The Images of the Androgyn: Some Uses of a Symbol in Earliest Christianity, in: History of Religion 13, Chicago 1974, 185f.
Zum Bereich der Gnosis vgl. EvPhil 71, NHC II oder 2.Clem 12,2 oder EvThom 22, NHC II.

nachgehen. Biblische Anthropologie markiert an dieser Stelle allerdings eine deutliche Grenze. Ganzheit und Harmonie bzw. die Überwindung von Geschlechterkampf und Einsamkeit kann nicht dadurch gelingen, daß hinter dem weiblich oder männlich geschaffenen Menschen ein Drittes gesucht wird. Sagen wir es streng theologisch: Erlösung setzt die Annahme der geschlechtlichen Identität und die damit gesetzte Polarität voraus. Ich bin dieser Mann und damit ist mir aufgegeben im Gegenüber zu und im Miteinander mit Frauen zu leben. Und auch wenn ich mit der neueren Psychologie „weibliche" Anteile in meiner Person entdecke, so lebe ich sie als dieser Mann. Eine Verschmelzung von Mann und Frau als Leitbild ist ausgeschlossen. Und auch wenn Paulus in Gal 3,28 vom Bedeutungsverlust des Männlichen und Weiblichen „in Christus" spricht, so wird damit die schöpfungsmäßige Zweiheit nicht aufgehoben. Wir kommen darauf noch einmal zu sprechen.
Ur- und Leitbild für das Mensch-sein ist nicht ein geschlechtliches Mischwesen.

Drittens: Ur- und Leitbild für das Mensch-sein ist nicht das Individuum. Der Mensch ist nicht als Einzelwesen erschaffen, sondern als spannungsvolle Zweiheit. Der Schöpfungsbericht aus Gen 2 wird uns das noch deutlicher vor Augen stellen. Als Bild Gottes ist dem Menschen die Sozialität wesensmäßig eingestiftet.[17] Wenn Zinzendorf sagt: „Ohne Gemeinschaft statuiere ich kein Christentum."[18], so spiegelt diese so angebrochene Herrschaft Gottes die Wirklichkeit der Schöpfung, in der Gott kein Menschsein ohne Gemeinschaft statuiert hat. Daraus ergeben sich brisante Fragen, da sowohl gesellschaftlich als auch in der Tradition unserer Gemeinden das Individuum von uns zum vielfach entscheidenden Maß gemacht wird. Der entsprechenden Gegenbewegung, der Sehnsucht nach Gemeinschaft und Beheimatung, verdanken wir einen gehörigen Teil unserer Attraktivität als Freikirchen.
Drittens: Ur- und Leitbild für das Mensch-sein ist nicht das Individuum.

Viertens: Gott beauftragt den weiblichen und den männlichen Menschen mit seiner Stellvertretung. Traditionell sah sich der Mann zum Herrschen berufen. Mit seiner Arbeit verband sich das kulturelle Schaffen. Er machte

---

[17] In anderem Kontext versteht Aristoteles den Menschen als *zoon politikon*, als das nach Gemeinschaft strebende Lebewesen.

[18] „Vgl. N.G.von Zinzendorf, Wort und Weg, hg. von K.Exner, Berlin 1958, 95.

sich die Welt untertan. Zentrale Inhalte des Auftrags aus Gen 1 wurden, gesellschaftlicher Konvention gehorchend, androzentrisch in die Schöpfungsgeschichte zurückgelesen. Unser Text weiß nichts von einer solchen Eingrenzung. Er versteht den kulturellen Auftrag des Menschen vielmehr als einen, der nur in der spannungsvollen Zuordnung von Mann und Frau gelingen kann. Nur so kann man den Wortsinn gerade vor dem Hintergrund der damaligen Selbstverständlichkeiten verstehen. Ich habe den Eindruck, daß wir uns dieses Element des biblischen Menschenbildes bisher in unserer Binnendiskussion zur Rolle von Frau und Mann in der Gemeinde zu wenig, wenn überhaupt, klar gemacht haben. Der umfassende Kultur- und Herrschaftsauftrag ist ein Auftrag an Mann und Frau. Damit erfolgt zunächst eine grundlegende Freigabe aller Bereiche menschlichen Schaffens für Frau und Mann. Auch an dieser Stelle gilt: Es ist nicht gut, daß der Mensch allein sei.

1.3 Gen 2,4b-25

4b Zu der Zeit als Jahwe Gott die Erde und den Himmel machte -
5 ehe alles Gesträuch des Feldes auf der Erde war und
   ehe alles Kraut des Feldes gewachsen war -
   denn Jahwe Gott hatte noch nicht regnen lassen auf der Erde
   und einen Menschen gab es nicht, den Erdboden zu bebauen;
6 und ein Wasserstrom stieg von der Erde auf
   und tränkte die ganze Oberfläche des Erdbodens -
7 da bildete Jahwe Gott den Menschen (aus)[19] Staub vom Erdboden
   und blies ihm Lebensodem in seine Nase.
   So wurde der Mensch ein lebendiges Wesen.
8 Und Jahwe Gott pflanzte einen Garten in Eden im Osten
   und er setzte den Menschen dorthin, den er gebildet hatte
18 Da sprach Jahwe Gott: „Es ist nicht gut, daß der Mensch allein ist.
   Ich will ihm eine Hilfe machen, die ihm entspricht."
19 Und Jahwe Gott bildete aus dem Erdboden alle die Tiere des Feldes
   und alle die Vögel des Himmels und brachte sie zu dem Menschen,
   um zu sehen, wie er sie benennen würde.
   Und ganz so wie der Mensch sie benennen würde, die Lebewesen, so
   ist ihr Name.

---

[19] Akkusativ des Stoffes, aus dem etwas gemacht wird.

20 Und der Mensch gab Namen allem Vieh und allen Vögeln des Himmels und allen Tieren des Feldes. Für den Menschen aber fand er keine Hilfe, die ihm entsprach.
21 Da ließ Jahwe Gott einen Tiefschlaf auf den Menschen fallen, so daß er einschlief.
Und er nahm eine von seinen Rippen und schloß die Stelle mit Fleisch.
22 Und Jahwe Gott baute aus der Rippe, die er vom Menschen genommen hatte, eine Frau und brachte sie zu dem Menschen.
23 Da sprach der Mensch:
Diese endlich ist Gebein von meinem Gebein und Fleisch von meinem Fleisch.
Diese wird man Frau (*ischa*) nennen, weil sie vom Manne (*isch*) genommen wurde.
24 Deshalb wird ein Mann seinen Vater und seine Mutter verlassen und wird seiner Frau anhängen und sie werden ein Fleisch sein.
25 Und die beiden waren nackt, der Mensch und seine Frau, und sie schämten sich nicht.

Gott bildet den Menschen, den '*adam*.[20] Da der Begriff in der folgenden Geschichte auch für den Mann allein steht, kommt der männerzentrierte Blickwinkel des Erzählers deutlicher zum Ausdruck als im ersten Schöpfungsbericht. Zugleich enthält Kap.2 und 3 eine Anzahl von Motiven, die in der Auslegungsgeschichte gern einseitig gegen die Frau verwandt wurden. Deshalb erscheint einigen zeitgenössischen Auslegern der Abschnitt diskreditiert und wird von einem positiv bewerteten ersten Schöpfungsbericht abgekoppelt. Damit verfehlt man allerdings den Text genauso wie es jene tun, die aus ihm die Vorstellung vom schwachen Geschlecht ableiten, das unter die Vorherrschaft der Männer gestellt werden muß. Aber zunächst zurück zur Linie aus Gen 1.

---

[20] Der von uns üblicherweise als Eigenname verstandene Begriff meint in unserer Erzählung meist den Menschen unabhängig vom Geschlecht. Wenn der Erzähler die Geschlechter durch seine Wortwahl hätte unterscheiden wollen, ständen ihm die Begriffe **is?** und **is?s?a** zur Verfügung. Zugleich wird er der Sache nach an einigen Stellen, an denen eine Gegenüberstellung des '*adam* zur Frau, **is?s?a**, vorgenommen wird, für den Mann gebraucht (Gen 2,22.25 und 3,20f). Ansonsten müssen wir die Aussagen zu ‚adam in Gen 2 und 3 auf den männlichen und den weiblichen Menschen beziehen. Darüber hinaus gebietet dies auch die Logik jetziger Anordnung nach Gen 1. Das gilt sicher für die Vertreibung aus dem Garten in Gen 3,22-24 und wohl auch für das Strafwort in Gen 3,17-19, zumindest für seinen Schlußteil.

Das Förderliche, Schöne und Sinnvolle - Ursache und Ziel des Mann- und Frau-seins
„Es ist nicht gut, daß der Mensch allein ist....". Der Einzelmensch ist ein Mängelwesen[21], nur ein Torso des gottgewollten Menschen. Das hebräische Wort טוב meint im umfassenden Sinn das Förderliche, Schöne und Sinnvolle. Wenn also gefragt wird: Warum gibt es Männer und Frauen?, dann antworte ich darauf mit dieser Geschichte: Weil es nützlich ist - damit es schön wird - weil es sinnvoll ist. Wir sehen hier einen fürsorglichen Gott, der die Einsamkeit seines Geschöpfes nachhaltig beenden will. Mit der dreifachen Ziel- oder Zweckbestimmung des Handelns Gottes wird auch Mann und Frau ein Rahmen mitgegeben, an dem sie sich in der Ausgestaltung ihrer Beziehung orientieren können.

Das Förderliche und Nützliche ist für den damaligen Menschen zunächst grundlegend. Wenn Mann und Frau in einer Familie zusammen leben, dann muß die tägliche Nahrung dabei erwirtschaftet werden. Die Sippe soll überleben. Kinder müssen geboren werden, will Mann und Frau im Alter nicht hungern. Viele biblische Bestimmungen, vor allem im Bereich des Rechtes, kreisen zunächst um derart Naheliegendes, das sich für uns saturierte Mitteleuropäer von selbst versteht. Was fördert die Familie oder die größere Sippe, was hilft den Nachbarn und dem Ortsganzen? - so lauten die Fragen.

Und doch denkt die biblische Überlieferung das Geschlechterverhältnis nicht ohne das Zweckfreie und Schöne. Was geschieht, wenn eine Frau einen frei-evangelischen Leitungskreis bereichert? Gibt es plötzlich Blumen auf dem Tisch? Gewinnt man längst vergessene Umgangsformen zurück? Wird der Ton der Auseinandersetzungen ein anderer? Oder reichen die Auswirkungen weiter? Die spannungsvolle Zweiheit der Geschlechter soll die Welt schöner machen. Reine Männergesellschaften und reine Frauenclubs fördern eher häßliche Einseitigkeiten. Die Grundspannung zwischen Frauen und Männern, die schlicht aus der Andersartigkeit erwächst, soll dazu dienen, das Leben schöner werden zu lassen. Davon kann die berufliche Arbeitsgruppe genauso wie der gemeindliche Hauskreis profitieren. Spannend und spannungsvoll denkt sich Gott das Miteinander von Männern und Frauen, und das nicht nur im erotischen und sexuellen Bereich. Das Zweckfreie und Schöne, das Ästhetische will Gott befördern. Dazu schuf er die Frau und den Mann. Und wenn Nutzen

---

[21] Zu diesem Begriff vgl. Arnold Gehlen, Der Mensch, seine Natur und seine Stellung in der Welt, (1940) 19719.

und Schönheit sich verbinden, entsteht Sinnvolles. Das Ganze kann gelingen und angenehm werden. Und es klingt geradezu wie bei Paulus, der an einer zentralen Stelle seiner ethischen Grundlegung den Willen Gottes bestimmt: „τό ἀγαθὸν καὶ εὐάρεστον καὶ τέλειον" - das Gute und Wohlgefällige und Vollkommene. (Röm 12,2)

Der Helfer als Entsprechung
Dazu schuf Gott dem Menschen ein ʿezœr kʰnœgdo, „einen Helfer, der ihm entspricht". Der Begriff ʿezœr ist im Hebräischen maskulin. So kann das Wort grammatisch nicht einfach die Frau ersetzen. Inhaltlich bedeutet das zum einen, daß sich die Rolle der Frau nicht darin erschöpft, „Helfer" zu sein. Zum anderen kann auch der Mann zum Helfer werden. Der weitere Begriffsbefund unterstreicht das. Das Wort wird in gleicher Weise auf Gott angewandt,[22] und so kann der Gedanke eigentlich gar nicht aufkommen, daß hier ein herabsetzender oder diskriminierender Unterton mitschwingt. Zugleich erschließt die Verwendung im Zusammenhang mit Gottes Wirken die Bandbreite der Unterstützung. Die Frau wird weder als bloße Arbeits- oder Haushaltshilfe benötigt, noch als Gebär-Mutter, wie Augustin meinte. Gedacht ist eine umfassende, dem Wert und der Würde des Individuums angemessene Ergänzung. Denn ohne Hilfe bleibt sein Leben ein Bruchstück, unabgeschlossen, eben nicht gut.
„Besser sind Zwei als ein Einzelner..... . Denn wenn sie fallen, so hilft der eine seinem Gefährten auf. Aber wehe dem, der allein ist, wenn er fällt, ohne daß ein zweiter da ist, der ihm aufhelfen könnte." - so umschreibt es der Prediger in Kap.4,9f. treffend.
Diese Hilfe, dieser Helfer soll dem Menschen „wie sein *nœgœd*" - wie sein Gegenüber, wie seine Entsprechung sein.[23] Erzählerisch wird die Gleichwertigkeit und tiefe Verbundenheit der beiden mit dem Motiv der Rippe ausgesagt.[24] Der Tiefschlaf, in den der Mensch versetzt wird, soll

[22] Vgl. Ex 18,4; Dtn 33,7; Ps 20,3.

[23] „Ihm entsprechend" - so umschreibt Gunkel in seinem Kommentar das Gemeinte. Die LXX übersetzt hier nicht wie zu erwarten „ihm gleich", sondern „ihm gemäß". Der Übersetzer greift damit implizit schon vor und gibt eine Erklärung dafür, warum die Erschaffung der Tiere keine Hilfe schafft. Die Tiere sind eben keine artgemäße Hilfe.

[24] Die Rippe darf also gerade nicht als Hinweis auf eine Minderwertigkeit der Frau verstanden werden, so daß sie aus einem dem Mann entbehrlichen Teil (O.Procksch) gemacht werde. Der Vorgang an sich ist und bleibt ein Geheimnis, wie die Erschaffung des Menschen aus dem Staub auch. Zielpunkt ist die tiefe Zusammengehörigkeit von Mann und Frau.

der Neugier Einhalt gebieten. Jede allzukluge Ausdeutung der Rippe verfehlt den Sinn dieses Erzählmotivs.

Die Differenzierung der Geschlechter beseitigt den unguten Zustand. Der Mensch begegnet in dem erschaffenen Wesen seinem *alter ego*, dem „anderen Ich". Aus dem einsamen Adam ist der Mensch als soziales Wesen geworden. Thielicke bestimmt das Wesen der Geschlechtlichkeit entsprechend als die Mitmenschlichkeit des Menschen.[25]

Exegetisch zeigt sich dies gleich dreifach: Erstens repräsentiert die Beziehung von Mann und Frau die elementare Gemeinschaft der Familie. „Hilfe" erwartet der Israelit sonst von einer starken Sippe. Nun soll die Frau der ihm entsprechende Helfer sein. Zweitens erschafft die Beziehung von Mann und Frau eine neue Familie. Der Mann begrüßt seine Frau mit der sogenannten Verwandtschaftsformel, die sonst das Verhältnis zwischen Blutsverwandten beschreibt.[26]: „Diese endlich ist Gebein von meinem Gebein und Fleisch von meinem Fleisch." (V.23a) Frau und Mann stehen sich so nahe, als wären sie Geschwister. Gleiches unterstreicht noch einmal das Wortspiel zwischen *isch* und *ischa*, dem Mann und der Männin - wie Luther es im Deutschen nachahmte. Drittens überbietet die Beziehung zwischen Mann und Frau selbst diejenige zu Vater und Mutter. Der Mann verläßt sein Elternhaus. Gegen die damalige Praxis in Israel, bei der die Frau ins Haus des Mannes übersiedelt, wird hier das gesellschaftlich Undenkbare ausgesprochen. Derart stark ist die Spannung zwischen den Geschlechtern, daß selbst die Urbeziehung zu Vater und Mutter sich als schwächer erweist. Handelt es sich um eine positive Spannung, nennen wir es Liebe. In der anschaulichen Sprache sagt der Hebräer hier: Der Mann wird an seiner Frau hängen. Der Begriff *dbq* meint wörtlich: „aneinander kleben". Mann und Frau ziehen einander an. So entsteht aus Zweien „ein Fleisch".

1.4 Gen 3

Noch sehen Mann und Frau einander ungeschützt und sie brauchen keinen Schutz für ihre Nacktheit. Der erste Ungehorsam wird das ändern. Die

---

[25] H.Thielicke, Theologische Ethik, I, Tübingen 1958, 271ff., und III, Tübingen 1968, 508ff.

[26] Um die Zugehörigkeit zu einer Familie im Sinn der Blutsverwandtschaft geht es bei der Verwendung der Redeweise in Gen 29,14; Ri 9,2f.; 2.Sam 5,1 u.ö.

Geschichte von Sünde und Strafe in Gen 3 wird als Gebotsübertretung erzählt. Man hört geradezu das Deuteronomium im Hintergrund, wie es unablässig dazu auffordert, die Weisungen Gottes zu beachten, weil sich darin die Liebe zu Gott ausdrückt. In Eden ereignet sich, was tausendfach unsere Wirklichkeit ist: Gebotsinterpretation im Dienst des Ungehorsams, dann Ungehorsam gegen den Gebieter und infolgedessen die geöffneten Augen. Sie wissen nun, was gut und böse ist, und müssen immer erneut um diese Einsicht ringen. Sie sind zum erwachsenen Urteilen fähig geworden und müssen jenseits von Eden nun auch als Erwachsene leben.[27] Welche Bedeutung hat der erste Ungehorsam für das Verhältnis der Geschlechter?

Bis in die Kommentare dieses Jahrhunderts hinein wurde die Erzählung immer wieder als Beleg dafür angeführt, daß die Frau der „schwächere Teil", eben „versuchlicher" als der Mann sei.[28] Die Frau als der „unverständigere und sinnlichere der beiden Menschenwesen"[29] erweist sich als die gefährliche Verführerin.[30] Schon in der jüdischen Tradition wurde der zuerst erfolgte Zugriff der Frau dabei als zusätzliche Begründung benannt. Paulus schließt sich dem in 1.Tim 2,8-15 an.

Von all diesen Wertungen weiß die ursprüngliche Erzählung nichts. Folgt man dem Wortsinn, so wird man eher sagen müssen, daß jeder Versuch einer einseitigen Belastung der Frau, sich selbst das Urteil spricht. Man muß es eigentlich noch schärfer formulieren: Der biblische Text spricht ihm das Urteil. Prangert das Verhör Gottes doch gerade die Verschiebung der Schuld auf die Frau an. „Die Frau, die du mir zugesellt hast, sie gab mir von dem Baum und ich aß." Halb wird Gott und halb die Frau verantwortlich gemacht. Auf diese Weise zerstört der Mann die Beziehung zu beiden. Als Konsequenz verbietet sich damit jede geschlechtsspezifische

---

[27] Mit dem Erkennen von Gut und Böse ist die Fähigkeit zu einem erwachsenen Urteilen und Verstehen gemeint, das den unmündigen Kindern noch verwehrt ist (vgl. die Verwendung dieser Formel u.a. Dtn 1,39). In 2.Sam 19,36 wird deutlich, daß auch im hohen Alter wieder ein Zustand eintreten kann, der dem der unmündigen Kinder entspricht. Der Gileaditer Barsillai sagt dort: „Ich bin heute achtzig Jahre alt. Wie kann ich noch unterscheiden, was gut und schlecht ist, oder schmecken, was ich esse und trinke, oder hören, was die Sänger und Sängerinnen singen?"

[28] So Gunkel und Procksch in ihren Genesis-Kommentaren zur Stelle.

[29] Budde, Genesis, z.St.

[30] Schon Westermann, Genesis, BKAT I, 1/1, 340, weist gegen Duhm zurecht darauf hin, daß in Gen 3 keine Verführung des Mannes erzählt wird.

Zuweisung von Schuld, sowohl in die Richtung der Frau als auch in die Richtung des Mannes. Der Mann ist nicht als Mann gewalttätiger oder eher bereit zur Ausbeutung der Natur, noch ist die Frau als Frau schon friedlicher und ganzheitlich gesinnter. Wir können anhand von Gen 3 das subtile Zusammenspiel der Sünder nachvollziehen und wir praktizieren es bis heute. Einseitige Zuweisung von Schuld oder Versuchlichkeit wird durch die biblische Erzählung als Selbsterlösung entlarvt und verdient bis heute alle Skepsis.

In den Strafworten mißt Gott die Folgen des Ungehorsams zu. Sie spiegeln die Schuld der Menschen und nicht den Willen Gottes über den Menschen. Diese Unterscheidung versucht zu fassen, was die spätere Theologie mit dem *opus proprium* (eigenen Werk) und dem *opus alienum* (fremden Werk) bezeichnete. Gottes eigenes Werk, seinen Schöpferwillen führt Gen 2 vor Augen. Sein fremdes Werk in der Reaktion auf das faktische Handeln der Menschen zeigt sich in den Strafworten.

3,16 „Zur Frau sprach er: Ich will dir sehr viel Mühsal schaffen (in deiner Schwangerschaft); unter Mühen sollst du Kinder gebären. Und nach deinem Mann soll dein Verlangen sein, er aber soll über dich herrschen."

Das Wort beschreibt das Verhängnis, welches Gott über die Frau verhangen hat. Es antwortet damit zugleich auf die Frage, wieso sich mit dem an sich so freudigen und lebensvollen Ereignis der Geburt eines Kindes[31] ein derart schmerzlicher Vorgang verbindet? Warum wirkt die kinderreiche Frau, die mit Mitte dreissig ihrem Mann zu einer stattlichen Kinderzahl verholfen hat, ausgelaugt wie eine Greisin von all der Mühsal? Und ein zweites Widerfahrnis kommt hinzu: Wie soll man es verstehen, daß die Frau sich immer wieder zu ihrem Mann hingezogen fühlt, wobei er es ist, der in oft bitterer Weise über sie herrscht? Liebe und Unterdrückung, geschlechtliches Eins-Werden und die Trennung in Herr und Dienerin - wie soll man diese Gegensätze verstehen? Wie soll man die widersprüchliche Wirklichkeit menschlichen Lebens vom Grunde her verstehen? Die Ur-Geschichte antwortet darauf mit dem Hinweis auf die Schuld und ihre Folgen. In der Konsequenz bedeutet dies, daß der Kinderwunsch, die Geburt eines Kindes genauso wie Sexualität und Erotik nicht romantisiert

---

[31] Dabei muß man sich vor Augen halten, daß Kinder in der Lebenswelt des alten Israel Ausdruck des Segens Gottes sind. Zugleich bildete die Größe einer Familie die Basis der wirtschaftlichen und sozialen Stabilität.

und verklärt werden dürfen. Sie haben allesamt Teil an der Zwiespältigkeit unserer irdischen Existenz.

3,17 „Und zum Menschen[32] sprach er: Weil du auf die Stimme deiner Frau gehört und von dem Baum gegessen hast, von dem ich dir geboten habe und gesagt: Du sollst nicht von ihm essen! -, verflucht sei der Ackerboden um deinetwillen!
Unter Mühsal sollst du dich von ihm nähren alle Tage deines Lebens
3,19* bis du wieder zum Ackerboden zurückkehrst, denn von ihm bist du genommen;
denn Staub bist du und zum Staub kehrst du zurück."

Der Vorwurf an den Mann lautet: Du bist dem Wort der Frau erlegen. Auf sie hat er gehört und gegessen. Wenn man die Erzählung aus Kap. 3,6 im Ohr hat, ist man überrascht. Von einem Wort der Frau war dort nichts zu hören. Sie nahm selbst wortlos von der Frucht und gab ihrem Mann. Einer Überredung bedurfte es nicht. Das neue Element der „Stimme deiner Frau" entwickelte sich aus dem Gegensatz zu Gottes Befehl.[33] Dem Wort Gottes steht die Frau mit ihrer „Stimme" gegenüber. D.h. etwas zugespitzt formuliert: der Mann macht durch seinen Ungehorsam die Frau zur Verführerin. Seine Tat läßt die „Stimme" der Verführung entstehen. Anders als die Wirkungsgeschichte macht die Erzählung daraus keinen Vorwurf gegen die Frau. Sie versteht die Verführung recht, als Pervertierung des Geschlechterverhältnisses. Was lebensfördernd gedacht war, mindert nun das Leben.
Der Ungehorsam gegen Gott bringt die Bitterkeit in die menschliche Arbeit. Schuld bringt Bitterkeit ins Leben, denn verflucht hat Gott den Acker. Ohne diesen Fluch und d.h. unter dem Segen brächte unsere Arbeit Erfüllung. Nun muß der Mensch den Segen erwerben gegen den Fluch Gottes, Leben erhalten unter dem Schatten des Todes. Das kann nur gelingen, weil Gottes Handeln über die Schuldgeschichten der Menschen hinaus führt. In Gen 5,29 erschafft er Noah, „der wird uns trösten von unserer Arbeit und von der Mühsal unserer Hände von dem Erdboden, den Jahwe verflucht hat." (Gen 5,29) Und nach der Sintflut sagt Gott

---

[32] Als Reihung ist „und zum Menschen" zu lesen.

[33] Das Verb „befehlen" tauchte bereits in Gen 2,16.17 und 3,17 auf.

seinen Menschen zu: „Ich will hinfort nicht mehr *den Ackerboden verfluchen um des Menschen willen.*" (Gen 8,22)
Diese Fortsetzung der (jahwistischen) Urgeschichte unterstreicht noch einmal, daß mit den Strafworten keine gottgewollte Grund- oder Erhaltungsordnung eingeführt wird. Theologisch wird damit gesagt: Zum Horizont menschlichen Lebens gehört zweierlei: der Schöpfungswille Gottes, wie er sich bis heute auswirkt, und die Schuld der Menschen mit ihren spürbaren Folgen. In diesem Spannungsfeld spielt sich unser Leben, auch das Leben als Mann und Frau ab. Darin haben sich beide zu orientieren. Da sie sich kaum am ersten Ungehorsam orientieren sollen, sollten sie auch dessen Auswirkungen nicht zur Grundlage wählen. Dies würde schon im alttestamentlichen Horizont Gottes weitere Bemühung um das Heil seiner Frauen und Männer ignorieren. Damit entfällt die Möglichkeit, das Strafwort der Frau als Legitimation für die Herrschaft des Mannes in der Ehe zu verwenden - um nur eine Konsequenz anzusprechen.

2. Der Wille des Schöpfers, der Wille des Menschen und der Wille des Erlösers - heilsgeschichtliche und systematisch-theologische Schemata angesichts der biblischen Überlieferung

Zunächst möchte ich zusammenfassend auf drei Punkte hinweisen, die schon zur Sprache kamen. Die Beschäftigung mit den Urgeschichten in Gen 1-3 hat deutlich gemacht, daß eine Reihe der traditionellen systematisch-theologischen Denkschemata auf ihre Angemessenheit und Leistungsfähigkeit überprüft werden müssen. Sie erweisen sich angesichts der biblischen Theologie als fragwürdig. Die Probleme liegen seit längerer Zeit auf dem Tisch, ohne daß diese Diskussion bisher wirklich die Gemeinden in ihrer Breite erreicht hätte.

Dazu zählt die Denkkategorie von Urstand und Fall, oft verbunden mit einem negativen Frauenbild und einer negativen Bewertung der Geschlechtlichkeit. Danach haben wir es vor dem Sündenfall mit einer integeren Schöpfung zu tun, die auch im Blick auf das Verhältnis von Mann und Frau eine durchgreifend andere Wirklichkeit aufweist als danach.[34] Der

---

[34] In einer schon problematisierten Form bezieht sich P.Althaus, Die christliche Wahrheit, II, Gütersloh 1948, 145-152 darauf. Vgl. generell als Umfeld W.-D.Marsch, Art. Ehe III B, RGG³ II, 1958, 320-322; W.Elert, Morphologie des Luthertums II, München 1958, 80ff. und F.Lau, Art, Schöpfungsordnung, RGG³ V, 1961, 1492-1494.

Sündenfall, herbeigeführt durch die Versuchlichkeit der Frau, zerstört die Geschlechtergemeinschaft. Davon wird auch die Sexualität betroffen, die nunmehr als Begierde, *concupiscientia*, beherrscht und nur zur Fortpflanzung eingesetzt werden darf. In einer Not- oder Erhaltungsordnung bestimmt Gott den Mann zum Herrn über die Frau. Die Strafworte von Gen 3 werden damit als statische Ordnung Gottes verstanden.

Letzerem steht, wie ich oben angedeutet habe, schon die alttestamentliche Segens- und Verheißungsgeschichte entgegen. Ergänzend zum jahwistischen Faden der Urgeschichte könnte man auch auf die Speisevorschrift in Gen 1,29f. hinweisen, die einen universalen Vegetarismus anordnet. Kein Lebewesen soll ein anderes töten und als Nahrung beanspruchen. Diesem urzeitlichen Frieden entspricht der endzeitliche Welt- und Tierfriede, von dem die Propheten sprechen.[35] Dazwischen liegt der *status quo* des Schreckens.[36] Und erneut finden wir beides bis heute vor: den Willen und die Bestimmung des Schöpfers und den Schrecken des Kampfes zwischen den Lebewesen. So ergeht die Frage an uns, wie wir uns in diesem Spannungsfeld verhalten wollen. Und es geht die Frage an Gott, wie er seiner Schöpfung wieder zu ihrer ursprünglichen Bestimmung helfen will.

Eine letzte alttestamentliche Linie des Willens Gottes, der sich mit der Realität menschlicher Sünde nicht abfindet, möchte ich mit einem Seitenblick auf das Hohelied kurz erwähnen. Am Freitag werden wir dazu ja mehr hören können. O.Keel formuliert in seinem Kommentar: „Die Liebe wird als Rückkehr ins Paradies verstanden."[37] So verwenden die Lieder immer wieder das Bild des „Gartens". Es kann metaphorisch die Frau meinen, aber auch den verschlossenen Garten Eden aus Gen 2f. Zunächst erscheint er unerreichbar (Hld 4,12). Dann öffnet er sich aber (Hld 4,16), so daß die Liebenden seine Früchte genießen können. Und ganz offensichtlich bezieht sich das Hld 7,11 auf das Strafwort über die Frau in Gen 3,16: „Ich gehöre meinem Freund, und nach mir steht sein Verlangen." Die paradoxe Situation der durch den ersten Ungehorsam zerrissenen Welt, in der das sehnsüchtige Begehren der Frau mit der unterdrückenden Herrschaft des Mannes beantwortet wurde, verkehrt sich nun. Das Begehren des Mannes ist auf die Frau gerichtet und sie verspricht sich ihrem Geliebten.

---

[35] Jes 11,6-9; 65,25; Hos 2,20; und Ez 34,25

[36] Gen 9,2ff.

[37] O.Keel, Das Hohelied, ZBK, 1992², 232f.

Auch in Gal 3,26-29 ist der Rückbezug auf Gen 1-3 offensichtlich.[38] Einzelne Ausleger haben gar von einem Antitypos zur Erschaffung des Menschen in Gen 1,26f. gesprochen.[39] Im Zusammenhang der paulinischen Argumentation, nach der einzig Christus der legitime Erbe des Abraham ist, fügt der Apostel unterstützend eine Begründung an: „denn ihr alle seid Söhne Gottes durch den Glauben in Jesus Christus. Denn ihr alle, die ihr auf Christus getauft seid, habt Christus angezogen. Da ist nicht Jude noch Grieche, da ist nicht Sklave noch Freier, da ist nicht männlich noch weiblich, denn ihr seid alle einer in Christus Jesus. Wenn ihr aber Christus angehört, seid ihr Abrahams Nachkommenschaft, Erben gemäß der Verheißung."

Die Erinnerung an die Taufe, vielleicht schon verbunden mit dem Überziehen des für alle einheitlichen Taufgewandes[40], weist die Leser des Briefes auf die neue Wirklichkeit in Christus hin. Und wenn Paulus „in Christus" sagt, meint er kein mystisches Verhältnis des Einzelnen zum himmlischen Herrn; genauso wenig bloß ein erneuertes Existenzverständnis, für das es keine Entsprechung in der Lebenswirklichkeit gibt. „In Christus" bezeichnet vielmehr die Gliedschaft am Leib Christi, die ihren konkreten Ausdruck in der christlichen Gemeinde findet.[41] Es ist nun vielfach überlegt worden, ob Paulus in dieser Sentenz von der Wiederherstellung der urzeitlichen Vollkommenheit her denkt und sie mit der Neuschöpfung eines androgynen neuen Adam erwartet.[42] Trotz zahlreicher Belege im zeitgenössischen Umfeld geht diese Sicht wohl doch fehl. Dies ergibt sich aus der parallelen Rede von Juden und Heiden bzw. Sklaven und Freien. Auch die Unterschiede von Juden und Heiden nivellieren sich nach Paulus nicht einfach, so daß die Vergangenheit ungeschehen gemacht würde.[43] Weder

---

[38] Zur Literatur vgl. W. Schrage, Ethik des Neuen Testaments, NTD.E 4, Göttingen 1989, 230 Anm.19.

[39] Vgl. H.Thyen, „....nicht mehr männlich und weiblich". Eine Studie zu Galater 3,28, in: F.Crüsemann, H.Thyen, Als Mann und Frau geschaffen. Exegetische Studien zur Rolle der Frau, Kennzeichen Bd.2, Gelnhausen und Berlin 1978, 138 und insgesamt 107-208.

[40] Vgl. Überlegungen bei H.Thyen, Studie, 144f.

[41] So entsprechend auch H.Thyen, Studie, 133f. und passim.

[42] Vgl. die Literatur bei H.Thyen, Studie, 140ff.

[43] Dazu ist vor allem Röm 9-11 zu besehen.

die Heilsgeschichte noch der Mensch des alten Schöpfers werden durch die Erlösung „in Christus" ersetzt. Beides wird vielmehr auf-gehoben[44], ganz so wie auch die Heiden von Gott in den Stand der Abrahamskinder hinaufgehoben werden und so Anteil an den Verheißungen Israels erlangen.[45] Die Differenz zwischen Heiden und Juden, zwischen männlich und weiblich bleibt in je ihrer Weise erhalten, ohne daß sie in der Gemeinde Jesu Christi letztlich von Bedeutung ist. Entsprechend wird sich das Miteinander von Juden- und Heidenchristen und von Frauen und Männern im Alltag der Gemeinde wandeln. Die neutestamentlichen Schriften zeigen uns Beispiele, wie dieser Wandel gelingt oder mißlingt. Der Philemonbrief ergänzt eines für das Verhältnis zwischen Sklaven und Freien. Die Tendenz in all dem ist unbestreitbar und übereinstimmend. Alte Grenzziehungen fallen und von Christus her gibt es die Aufgabe, dem neuen Verhältnis zueinander auch einen lebensmäßigen Ausdruck zu verschaffen. Von der gewandelten Gottes- und Christusbeziehung her werden bisher fraglos gültige Strukturen und Beziehungen aufgebrochen. Gleiches gilt nach Paulus auch für das Geschlechterverhältnis „in Christus". Und welche Sprengkraft in den patriarchalen Verhältnissen der Antike daraus zunächst erwuchs, ist vielfach dargestellt worden. Die Umwelt nahm dies ganz offensichtlich war, wie ein Zitat aus dem koptischen Philippusevangelium zeigt: „Wenn du sagst: >Ich bin ein Jude<, so wird sich niemand bewegen. Wenn du sagst: >Ich bin ein Grieche< oder >Barbar< oder >Sklave< oder >Freier<, so wird niemand unruhig werden. Sagst du aber: >Ich bin Christ<, so werden alle erzittern!"[46]

3. Frau und Mann - in Beziehung(en) lebend

Was ist das - die Frau und der Mann? Welche Folgerungen lassen sich aus den anthropologischen Grundaussagen und unter Aufnahme der heilsgeschichtlichen Linien für ein Männer- und Frauenbild ziehen? Inwieweit kann man so etwas wie das Wesen oder - bescheidener - die Rolle von Frau und Mann bestimmen? Was ist gemeint, wenn von männlichen oder weiblichen Anteilen in einem Mann oder einer Frau gesprochen wird?

---

[44] Diese Beschreibung meint keine Beseitigung des Vorhandenen, sondern eine Überführung auf eine neue Ebene im Sinn hegelscher Dialektik.

[45] In gleicher Weise formuliert auch H.Thyen, Studie 155.

[46] EvPhil 49, NHC II/3,51ff.

Keine Sorge, ich will nun keinen zweiten Vortrag beginnen, der zudem einen ganz anderen Schwerpunkt haben müßte, als es ein biblisch-theologischer Beitrag an dieser Stelle unserer Tagung haben soll! Also will ich es bei drei, eher hermeneutischen Anmerkungen bewenden lassen, die vielleicht unsere Diskussion befruchten könnten.[47]

3.1 Weder überzeitlich noch aktual

Nach meinem Verständnis der biblischen Anthropologie gilt es einen Weg zwischen Skylla und Charybdis zu suchen. Die Skylla lockt mit einer überzeitlichen Festschreibung des männlichen oder weiblichen Wesens, die Charybdis mit der je aktualen Bestimmung. Beide Extreme begegnen bis heute in unterschiedlichen Spielarten. Die statische Überzeitlichkeit vernachläßigt die Geschichtlichkeit jeder Antwort auf unsere Frage. Die rein aktuale Bestimmung geht, wie man es etwa bei Karl Barth sehen kann, in der je konkreten Ich-Du-Beziehung zwischen dieser Frau und diesem Mann auf. Damit umschreibt er zwar das Geheimnis der jeweiligen Menschen, wird aber anthropologisch nicht aussagefähig. Macht sich das Verständnis von Mann und Frau völlig abhängig von den Rahmenvorgaben der jeweiligen Kultur oder Subkultur, so bleibt sie beschreibend und kann zu keinen orientierenden Aussagen kommen.

3.2 Relational

Einen Ausweg aus dieser Sackgasse bietet nach meiner Einsicht die Beobachtung, daß die biblische Anthropologie Frau und Mann in Beziehungen versteht. Schon die polare Zweiheit als Geschlechtswesen unterstreicht dieses konstitutive Element. Der Mensch findet sich als der so geschaffene in Bezügen vor und er gestaltet sie. Als zeitliches und soziales Wesen vollzieht er dies in Relation zur jeweiligen Kultur und zur geschichtlichen Stunde. Umschlossen werden diese innerweltlichen Bezüge von seiner Bindung an Gott und dessen Schöpfer- und Erlöserwillen. Daraus ergeben sich anthropologische Kontinuitäten, die in der Zeit jeweils neu zur Geltung zu bringen sind.

---

[47] Für eine intensivere Behandlung der angeschnittenen Fragen bräuchte der Mann die Frau zu gemeinsamem Nachdenken und bräuchte der Theologe andere Geistes- und Humanwissenschaftler, die aus ihrer Perspektive Frau und Mann kennen.

Der biblische Befund spiegelt die Relationalität des Menschen. Zum einen gelten im Alten und Neuen Testament selbstverständlich die patriarchalen Lebensformen der Antike. Auch die gängigen sozialen Untergliederungen der Gesellschaften des Vorderen Orients finden wir in biblischen Erzählungen, Rechtstexten und in der Weisheitsliteratur wieder. So nimmt etwa die freie Frau eines Israeliten eine ganz andere Rolle ein als die Magd oder Sklavin. Man muß nur an das ideale Bild aus Prv 31,10-31 denken, das eine freie und einigermaßen wohlhabende Israelitin in ihren Gestaltungsmöglichkeiten beschreibt. Zugleich unterstand sie rechtlich jedoch der Gewalt des Mannes. Die Magd oder Sklavin verfügt weder rechtlich noch wirtschaftlich über einen eigenen Gestaltungsbereich. Sie ist in jeder Hinsicht, auch in sexueller, der Verfügungsgewalt ihres Besitzers ausgeliefert.[48] Zusätzlich bestimmt auch die Frau ihres Herrn über sie und kann sie etwa als Amme für die Kinder einsetzen.[49] Soweit die Verwobenheit der biblischen Welt mit Zeit und Gesellschaft.

Zugleich läßt sich beobachten, daß die zeitbezogenen Gegebenheiten in der biblischen Überlieferung durchbrochen werden. Wir haben uns dies anhand von Gen 1-3 mehrfach vor Augen geführt. Darüber hinaus gibt es durchgängig einen Schutz von Vater und Mutter in den Rechtstexten. Die Frauenrollen in den Erzvätergeschichten der Genesis passen so gar nicht in die damalige Welt. Deshalb hat die katholische Alttestamentlerin Irmtraud Fischer aus Bonn mit Recht vorgeschlagen, von Erzelternerzählungen zu sprechen. Parallele Störungen des zeitgeschichtlich zu Erwartenden zeigen sich beim Umgang Jesu mit den Frauen oder bei der Eheordnung in Eph 5, der mit V.21 - „Ordnet euch einander unter in der Furcht Christi" - ein christologischer Sprengsatz mitgegeben ist.

Was eine Frau und was ein Mann ist, bestimmt sich aus den Relationen in, mit und unter denen sie leben.

3.3 Die soziale, kulturelle und geistliche Aufgabe

Wir haben eine Aufgabe, indem Gott uns als Frauen und Männer geschaffen hat! Vielfach beklagen Christen und Christinnen heute den Zerfall der ethischen Selbstverständlichkeiten und der traditionellen Rollen. Und es gibt beileibe manches Beklagenswerte. Aber der Wandel des Selbst-

---

[48] Am 2,7.

[49] Gen 25,59; 2.Sam 4,4 und 2.Kö 11,2.

verständnisses der Geschlechter kann vom biblischen Befund her nicht einfachhin als Verlust gewertet werden. Wir erleben zunächst schlicht eine kulturelle Veränderung, welche die unterschiedlichsten Ursachen hat. Und ich sage es einmal etwas zugespitzt: Unsere Aufgabe besteht nicht darin, das Christliche in Gestalt der bürgerlichen Traditionen zu verteidigen. Es gilt vielmehr unter den veränderten wirtschaftlichen, sozialen und auch geistigen Bedingungen neu den Reichtum des von Gott her geförderten Frau- und Mann-seins zu entdecken, vorzuleben und natürlich auch anthropologisch, ethisch und seelsorglich zu entfalten. Der letzten Aufgabe stellt sich unsere Tagung.

4. Geschlechtlichkeit

Frau und Mann konkret - so könnte man den letzten Aspekt nennen, den unser Thema einschließt: Geschlechtlichkeit. Ich will und muß mich dabei auf den biblisch-theologischen Beitrag beschränken.

4.1 Ein weltlich Ding

Für den antiken Menschen gehört die Sexualität zu den Grenzerfahrungen. Er begegnet darin nicht nur einem anderen Menschen, sondern bekommt es mit göttlichen Mächten zu tun. Sie können in Aphrodite bzw. Venus und ihrem Sohn Eros bzw. Amor personifiziert oder als göttliche Urkräfte der Fruchtbarkeit vorgestellt werden. In Mesopotamien gehört die Sexualität zum festen Bestand des Gottesdienstes. Von all dem findet sich in Israel nichts. Geschlechtlichkeit ist ein geschöpfliches und zutiefst irdisches Geschehen. Und gerade so gehört sie von Beginn an zu dieser Welt und kann in weltlichen Liedern besungen werden. Wenn im Hohenlied von der Sehnsucht und dem Verlangen der Liebenden gesungen wird, dann sehnt und verlangt auch der Körper einer Frau nach dem Mann und der vor dem Haus wartende Mann kann es nicht erwarten, die Wärme seiner Geliebten zu spüren. Die spannungsreiche Zweiheit von Mann und Frau findet ihre Erfüllung in der Einheit, in der die beiden „ein Fleisch" werden (Gen 1,24). Und diese Einheit ist ein wunderbar weltlich, irdisch Ding.
Zur Weltlichkeit von Erotik und Sexualität gehört allerdings auch, daß sie entbehrt wird, ein Gegenüber nicht erreicht oder sublimiert auf anderen

Ebenen als der körperlichen gelebt wird. Daraus folgt an sich nicht, daß der jeweilige Mann nicht ganz Mann oder die jeweilige Frau nicht ganz Frau wäre. Das Mann- und Frau-sein gründet theologisch gesprochen in der von Gott her einseitig verliehenen Gott-Ebenbildlichkeit. Erotik und Sexualität gehören zur Gestaltwerdung des in der Gottesbeziehung grundgelegten Mensch-seins. Für einen 16-Jährigen führt dies zu anderen Lebensaufgaben als für die Verwitwete oder den Ehemann Anfang fünfzig oder die ledige Frau Mitte dreissig. Auch in dieser Vielfalt der Gestalten erweist sich Geschlechtlichkeit als ein weltlich Ding.

4.2 Der ganze Mensch als Körper, Seele und Geist

Wer sich in die Sprache eines anderen hineinhört und denkt, dem erschließt er sich. Wer von euch sich noch an das Hebräische erinnert, dem dürfte ein wesentlicher Beitrag der semitisch-alttestamentlichen Anthropologie für den Umgang mit der Geschlechtlichkeit im Ohr sein. Der Semit denkt nicht zerteilend, analytisch. Er denkt zusammen, synthetisch. Und wie er denkt, so ist seine Sprache.
Wenn Zwei „ein Fleisch" werden (Gen 1,24), dann ist damit mehr gemeint als der Geschlechtsverkehr. Wird der Körper eines Mannes und einer Frau in dieser Weise einer, so steht dahinter der eine Wille, mit ungeteiltem *leb*, dem Herzen, für den Wirtschaftsbetrieb Familie gerade zu stehen. So drückt sich die gemeinsame Sehnsucht nach Leben aus, die *næfæsch*, Atem oder Seele übersetzen wir es. Und was könnte elementarer die von Gott eingehauchte Lebenskraft, die *ruah*, den Atem oder Geist, ausdrücken, als die Zwei, die „ein Fleisch" werden.
Eine solche Denk-, Lebens- und Glaubensweise bietet unserer Zeit manches an, was Heilung für die Zerrissenheiten verspricht, die entstehen, wenn man den Körper zu Markte trägt, der Seele haltlose Versprechungen macht und den Geist verkümmern läßt.

4.3 Die Macht des Geschlechtlichen

Für den antiken Menschen gehört die Sexualität zu den Grenzerfahrungen, die eine tiefe Ambivalenz in sich tragen. Höchste Lust steht dabei direkt neben dem drohenden Verlust der Selbstkontrolle. So wurde der Orgasmus mit dem unkontrollierbaren Erregungszustand eines Epileptikers verglichen. Auch der Hebräer weiß um die Zwiespältigkeit des Geschlechtlichen. Die geschlechtliche Spannung zwischen Mann und Frau kann tiefste Sehnsüchte ausdrücken und ihnen Erfüllung verschaffen. Die Bibel scheut nicht davor zurück, darin ein kleines Paradies zu beschreiben.[50] Daneben verbindet sich Sexualität mit zutiefst menschenverachtendem Verhalten. Auch davon berichten die biblischen Verfasser in aller Offenheit. Da vergewaltigt Amnon, der Sohn Davids, seine Halbschwester Thamar, ohne daß dem Vater dazu irgend etwas einfällt.[51] Da finden sich Väter bereit, ihre Töchter und Frauen zur Vergewaltigung einer Meute von Männern preiszugeben, um des Gastrechts willen.[52] Und die Worte der Propheten können in geradezu obszöner Sprache von der Gier der „Frau Jerusalem" hin zu anderen Männern sprechen und damit den Abfall von Jahwe umschreiben.[53] Die Weisheit fügt dem in nüchterner Weise ihre Warnung vor der fremden und verführerischen Frau hinzu. So werden die jungen Männer belehrt. Was die Frauen zu hören bekamen, wissen wir nicht.

4.4 Der rechtliche und ethische Schutz der Geschlechtlichkeit

Nicht zuletzt auf Grund dieser Ambivalenz des Geschlechtlichen, genauer müßte man sagen: der Ambivalenz des Umgangs von Mann und Frau mit ihrer Geschlechtlichkeit, wird in Israel und in der biblischen Überlieferung die Sexualität zum Gegenstand von Recht und Ethik. Das verbindet beide mit vielen Kulturen und Religionen. Ich erwähne es an dieser Stelle nur, weil es in unseren Tagen hier und da Tendenzen gibt, den Bereich des Sexuellen von jeder staatlich-rechtlichen Einsprache freizuhalten und ganz zur Privatsache zu erklären. Ich halte dies für ethisch nicht vertretbar. Gleiches gilt für den Trend, niemanden in die Gestaltung der Partnerschaft oder gar des sexuellen Miteinanders oder Nebeneinanders hineinreden zu lassen. Denn im Umgang mit der Geschlechtlichkeit geht es immer auch um die Würde des Menschen, theologisch gesprochen: um

---

[50] Vgl. die obigen Überlegungen zum Hohenlied.

[51] 2.Sam 13.

[52] Gen 19,8 und Ri 19,22-26.

[53] Vgl. etwa Ez 16,26 oder 23,20.

seine Gott-Ebenbildlichkeit. Geschlechtlichkeit ist mehr als die private Sache zweier Menschen.

4.5 Zwischen Pflicht und Spiel

Sexualität sichert die Fortpflanzung. So lehrt es die Biologie. Und besieht man sich die sexualethischen Bestimmungen des Alten und Neuen Testaments, so kommen sie zunächst von dieser grundlegenden Sicherung des Lebens her. Geschlechtlichkeit braucht nicht nur auf Grund ihrer elementaren Kraft eine rechtliche und ethische Begleitung. Auch die sozialen Folgen fehlgeleiteter Sexualität legen dies nahe. Beginnt der Mann ein Verhältnis zu seiner Nachbarin, so zerstört dies die notwendige Gemeinschaft der beiden Familien im Dorf, die Gerechtigkeit des Ortes. Solidarität und Zusammenhalt, die im Kampf gegen Krankheiten, Mißernten, Bedrohung durch Überfälle u.a.m. dringend geboten sind, dürfen nicht durch eine zügellos gelebte Geschlechtlichkeit ausgehöhlt werden. Diese Einbindung der Sexualität in die Welt der Zwecke und Notwendigkeiten spiegelt sich in den Rechtsvorschriften und in der weisheitlichen Belehrung.
Daß sie darin nicht aufgeht, macht nicht nur das Hohelied deutlich. Da gibt der Weise den jungen Männern einen uns fast zu offenherzig erscheinenden Rat: „Deine Quelle sei gesegnet! Freue dich an der Frau deiner Jugend! Die liebliche Hinde, die anmutige Gemse, ihre Brüste mögen dich allezeit berauschen, in ihrer Liebe sei trunken immerfort! Was sollst du dich an einer Fremden berauschen, mein Sohn, den Leib einer anderen umfangen?" (Prv 5,18-20)
Im Raum der vertrauten Beziehung sollen Frau und Mann ihre Liebe pflegen. Das alte und ewig neue Spiel von Sehnsucht und Erfüllung sollen sie ausgiebig spielen - vor allem solange sie jung sind. Und auch Erzählungen machen immer wieder deutlich, welch' zentrale Rolle Erotik und Körperlichkeit in einer von der Liebe umfangenen Beziehung zukommt.
Geschlechtlichkeit - von den Zwecken herkommend, auf das zweckfreie Spiel zielend, von der Liebe umfangen.
Spätestens an dieser Stelle wird spürbar, daß wir an ein Geheimnis rühren. Es gründet im Geheimnis, daß der Mensch in sich schließt. Als diese Frau und dieser Mann ist er Geschöpf und Ebenbild Gottes - ein Versteck Gottes eben.

Das Verständnis der Ehe nach der Heiligen Schrift

von Ernst Kirchhof

I. Die Aufgabe einer positiven Begründung der Ehe aus der Heiligen Schrift

Wer sich dem Thema Ehe zuwendet, kann das nicht tun, ohne unseren aktuellen gesellschaftlichen Hintergrund in den Blick zu nehmen. Da begegnen wir der Not vieler gescheiterter Ehen außerhalb und in der Gemeinde, daneben vielen jungen Menschen, für die es kein Problem darstellt, unverheiratet zusammen zu ziehen und „Ehe auf Probe" zu leben, schließlich einer großen Not vieler Gemeindeleitungen im Umgang mit diesen Problemen. Dieser nur angedeutete Hintergrund bestimmt unser Fragen und unsere Erwartungen an das Thema mit.

Die Ursache dafür, dass wir mit einer Krise der Ehe heute *auch in den christlichen Gemeinden* konfrontiert sind, scheint mir nun aber nicht darin zu liegen, dass die Christen weniger dem Willen Gottes gehorsam sein wollten als früher. Gerade bei jungen Menschen begegnet mir so viel Bereitschaft, Jesus nachzufolgen, dass diese Erklärung nach meinem Empfinden zu kurz greift. Deshalb müssen bloße Appelle, zurückzukehren zum alten Gehorsam gegen Gottes Wort, überwiegend wirkungslos bleiben. Viel eher scheint mir das Problem darin zu liegen, dass das Verständnis von Ehe für viele - junge und auch ältere Christen - nicht mehr positiv von der Bibel her gefüllt ist. Eine neuere Schrift zur Ehethematik spricht von einer *„Penetranz von Eheideologien",* die unser Denken beherrschen. „Auch wer sich scheiden läßt, hält häufig in einem gewissen Sinn an der ‚Ehe' fest; allerdings - und das macht den Realitätsverlust dabei deutlich - hält er nicht an seinem bestimmten ehelichen Leben fest, sondern vielmehr an einem *Bild* von Ehe, aus dem die Wirklichkeit seiner Ehegemeinschaft sozusagen herausgefallen ist. Auch ‚nichteheliche Lebensgemeinschaften' lassen sich in vielen Fällen als Versuch verstehen, jenseits formalistischer

Zwänge so etwas wie die ‚eigentliche Ehe' zu verwirklichen und auf diesem Weg eine bessere Erfüllung des Sinnes der Ehe zu finden."[1] „So oder so: Immer ist es eine Eheideologie, welche die Wahrnehmung der guten Wirklichkeit des ehelichen Lebens . . . verhindert."[2] Mit anderen Worten, Menschen scheitern an ihrem Bild von Ehe bzw. wenden sich etwa gegen eine lebenslange Treue in der Ehe, weil das ihrem Bild von Ehe und ihrer Erwartung an Ehe widerspricht. Das Verständnis der Ehe, das uns in der Heiligen Schrift begegnet, haben sie meist überhaupt noch nicht richtig wahrgenommen.

Deshalb bin ich der Überzeugung, dass Aufklärungsarbeit nötig ist und dass wir das Verständnis der Ehe positiv von der Heiligen Schrift füllen müssen. Karl Barth hat schon 1951 davon gesprochen, dass hier eine weitgehend unerledigte Aufgabe liegt. „Die christliche Besinnung über die Ehe hat es weithin versäumt, sich gerade durch Matth. 19 vom Einzelnen her über den Ernst des *Ganzen* dieser Sache belehren zu lassen. ... Man interessierte sich wohl für das Gebot der *Aufrechterhaltung* der einmal geschlossenen Ehe; man tat das aber in merkwürdiger Gleichgültigkeit gegenüber der wahrhaftig auch mit göttlicher Dringlichkeit gestellten Frage nach ihrer rechten *Begründung.*"[3] Deshalb will ich versuchen - sicher unter Zurückstellung mancher uns auch bewegender Frage - das Verständnis der Ehe nicht von ihren Grenzen her, sondern von ihrem positiven Verständnis her darzustellen. Bevor wir dazu kommen, gilt es aber zunächst das, was ich oben als Eheideologien bezeichnet habe, genauer in den Blick zu nehmen.

Schon die römisch-katholische Kirche hatte die Ehe in Anknüpfung an das antike Naturrecht in ihrem Wesenskern als Vertrag zwischen zwei Menschen verstanden. An dieses Verständnis der Ehe als Vertrag hat die Aufklärung angeknüpft. Mit dem Unterschied allerdings, dass Gott als Voraussetzung dieses Vertrages ganz gestrichen wurde; wer die Ehegemeinschaft als Gabe überhaupt noch in Erinnerung behält, der neigt dazu, in der - meist unbewussten - Nachfolge Immanuel Kants

---

[1] Bernd Wannenwetsch, Die Freiheit der Ehe. Das Zusammenleben von Mann und Frau in der Wahrnehmung evangelischer Ethik, Neukirchen 1993, S.61.

[2] a.a.O. S.62.

[3] Karl Barth, Kirchliche Dogmatik III, 4, S.208.

die Gabe zum Gegebensein der Aufgabe zu machen. Die Ehe wird jetzt zur Sache des Menschen, seiner Möglichkeit und seiner Leistung. Hier meldet sich mit aller Macht das Streben des Menschen nach Autonomie. Der Mensch entscheidet eigenmächtig (autonom) über sein Leben. Er will sein eigener Herr sein, nur noch der Vernunft unterworfen. Als „mündiger" Mensch muss er das - und trägt damit die ganze Verantwortung für das Gelingen dieses Unternehmens. Ehe wird jetzt im Horizont des privatrechtlichen Kaufvertrags gesehen, der konsequenterweise in gegenseitigem Einvernehmen auch wieder gelöst werden kann. Klassisch und berüchtigt ist die Definition Immanuel Kants: Die Ehe ist „die Verbindung zweier Personen verschiedenen Geschlechts zum lebenswierigen wechselseitigen Besitz ihrer Geschlechtseigenschaften."[4]

Gegen diese vollkommen nüchterne, die Ehe verdinglichende Auffassung von Ehe erhebt sich der Protest der Romantik. Sie glaubt an die, die Menschen zur Einheit verbindende, Liebe. Sie ist überzeugt davon, dass die wahre Liebe die Macht hat, zwei Menschen auf immer zu verbinden, so dass eine neue größere Ganzheit entsteht. Das Wesen der Ehe ist für die Romantik die aus dem inneren des Individuums kommende liebende Hingabe an das Gegenüber, in dem das Ich die vollkommene Ergänzung seiner selbst erkennt. Von daher versteht die Romantik die formale, rechtliche Eheschließung als Verunreinigung für die Gesinnung der Liebe und hält sie deshalb für überflüssig bzw. schädlich für die Beziehung.[5] Hier meldet sich neben dem menschlichen Streben nach Autonomie das Bedürfnis nach Angenommensein und Geborgenheit zu Wort, „der Urdrang zu gegenseitiger Ergänzung und zur Verschmelzung zu einer Einheit".[6] Allerdings teilt die Romantik mit der Aufklärung die entscheidende Voraussetzung: Auch sie versteht die Ehe als Möglichkeit des Menschen. Es ist die Liebe von Mann und Frau, die die Verbindung zur Ehe hervorbringt und die sie zusammenhält; zerbricht das Gefühl der Liebe, dann ist auch die Ehe zerbrochen.

---

[4] I.Kant, Die Metaphysik der Sitten §24, in: I.Kant, Werke in sechs Bänden, hg. von W.Weischedel, Bd IV, 5., erneut überprüfter reprographischer Nachdruck 1983 der Ausgabe Darmstadt 1956, S.389f).

[5] O. Bayer, a.a.O. S.171.

[6] ebd.

Das was wir heute als Wertewandel und Krise der Ehe erleben, hat in diesen unser Denken prägenden Grundüberzeugungen seine Wurzeln. An diesen Wurzeln gilt es anzusetzen, wenn wir zu einem biblischen Verständnis der Ehe zurückkehren wollen.

II. Das Wesen der Ehe nach der Heiligen Schrift

1. Die Heilige Schrift versteht die Ehe als von Gott geschenkten Lebensraum

Wer die Ehe im Sinne der Heiligen Schrift recht verstehen will, der hat zunächst einmal wahrzunehmen, dass sie nicht von ihren Eingrenzungen (d.h. lebenslange Dauer, Unauflöslichkeit, nur ein Mann und eine Frau) her verstanden werden will, sondern von ihrem Gabecharakter her. Jesu Antwort an die Pharisäer auf die Frage nach der Erlaubnis der Scheidung beginnt mit folgenden Worten: „*Habt ihr nicht gelesen: Der im Anfang den Menschen geschaffen hat, schuf sie als Mann und Frau und sprach (1. Mose 2,24):* »*Darum wird ein Mann Vater und Mutter verlassen und an seiner Frau hängen, und die zwei werden ein Fleisch sein*«*? So sind sie nun nicht mehr zwei, sondern ein Fleisch.*" (Mt 19,4-5) Die Ehe wird also von Jesus als eine neue Lebenseinheit verstanden. Mit diesem Rückverweis auf die Schöpfungstat Gottes macht Jesus deutlich, worin Grund und Ziel der Erschaffung des Menschen als Mann und Frau liegen: „Es ist Gottes Wort und Wille, dass der Mensch nicht allein sei. Gott will den Menschen nicht als Solisten; er will ihn von Anfang an und in Ewigkeit als Mitmenschen."[7] Nun lässt sich Mitmenschlichkeit natürlich auch anders leben als in der Ehe, und Gen 2,18 („Es ist nicht gut, dass der Mensch allein sei") umgreift vermutlich mehr als nur die Ehe. Dennoch ist es von entscheidender Wichtigkeit, dass das als die Basis der Ehe von Jesus festgehalten wird: Gott stiftet die Ehe, weil er den Menschen zur Mitmenschlichkeit bestimmt hat. Und in der Ehe gebietet oder besser eröffnet er ihm den Raum, in dem er in beglückender Gemeinschaft zwischen Mann und Frau leben kann. Sie ist geschenkter „Lebensraum lustvoller Mit-

---

[7] O.Bayer, a.a.O., 165.

menschlichkeit"[8] Das gilt es immer wieder dankbar zu hören und anzunehmen. „Luther kann sich in seiner Genesisauslegung nicht genug tun, zu betonen, das Bebauen und Bewahren der Erde sowie die Mitmenschlichkeit seien summa cum voluptate (zum größten Vergnügen, zur höchsten Freude) geschehen"[9]. So ist die Ehe dem Menschen also als „Lebensraum lustvoller Mitmenschlichkeit" geboten, „nicht als ein kategorischer Imperativ, sondern - als erlaubender Imperativ - eine kategorische Zusage, die unbedingt und bedingungslos allen gilt."[10]

Nach dem Verständnis der Heiligen Schrift betreten Mann und Frau mit der Eheschließung einen ihnen von Gott zur Verfügung gestellten Lebensraum, der unter der Verheißung steht: Siehe es ist sehr gut. Das gilt, egal, welche Herausforderungen und Probleme auch kommen werden. Denn die Ehe ist nicht in erster Linie Tat des Menschen, sondern sie ist vor jedem menschlichen Tun Gabe Gottes; dann erst ist sie in dankbarer Verantwortung, auch ein Tun des Menschen. Von nun an werden diese beiden Menschen ihr Leben nicht mehr allein, sondern gemeinsam mit ihrem Gegenüber in gegenseitiger Hilfe, Korrektur, Ermutigung und Freude gehen. In der Gabe dieses Lebensraumes besteht das Glück der Ehe und nicht in einem unbestimmten Gefühl von Glück, das das Verliebtheitsgefühl festhalten will. Das Eheversprechen ist dabei nicht als juristischer Vertrag verstanden, der an Bedingungen gebundenen ist. Sondern es ist die - in der Zusage Gottes für die Ehe gründende - bedingungslose Zusage von Gemeinschaft, verbunden mit der Bitte an Gott, ER möge die Kraft geben, „diesem Eheversprechen entsprechend zu leben, es im Lebensvollzug immer wieder in der Kraft des Glaubens zu erneuern."[11] So „spannt" die von den Eheleuten gegenseitig ausgesprochene Zusage der Treue einen Bogen, unter dem die damit begründete Ehegemeinschaft Zeit hat, sich frei zu entfalten.

---

[8] Diese Formulierung gebraucht Oswald Bayer in seiner Tübinger Antrittsvorlesung von 1980, Die Ehe zwischen Evangelium und Gesetz (ZEE 25, 1981, S.164-180), S.164.

[9] O.Bayer, a.a.O., 164.

[10] Ebd.

[11] U. Eibach, Liebe, Glück und Partnerschaft. Sexualität und Familie im Wertewandel, Wuppertal 1996, S.95.

2. Die Heilige Schrift versteht die Ehe als (zweckfreie) Lebensgemeinschaft von zwei Menschen[12]

Nun kann die theologische Beschäftigung mit der Ehe nicht dabei stehen bleiben, dass die Ehe eine gute Gabe Gottes ist, sondern sie hat weiterzufragen, wozu sie denn da ist und wozu sie gut ist. So fragen nicht erst unsere jungen Leute heute, manche zugegebenermaßen mit einem skeptischen Unterton, ob sie überhaupt zu etwas gut ist; nein, so haben die Gläubigen zu allen Zeiten gefragt.

In der christlichen Tradition findet man durchgängig zwei Zweckbestimmungen, die das Verständnis der Ehe wesentlich bestimmt haben. Zum einen ist die Ehe dazu da, für Nachkommenschaft zu sorgen und sie ist zweitens dazu da, Unzucht zu vermeiden. So hatte schon Augustinus[13] formuliert und dabei blieb es - daran änderte auch die Reformation nichts - bis in unsere Zeit. In der römisch-katholischen Kirche gilt die Zeugung von Nachkommenschaft bis heute „als der Bezugspunkt in moraltheologischen Argumentationen wie etwa zur Empfängnisverhütung oder zur Frage der Erlaubtheit des Geschlechtsaktes ohne unmittelbaren Zeugungswunsch."[14] Erst in der Romantik begann man - zunächst im außertheologischen Bereich - diese Zweckbestimmungen der Ehe in Frage zu stellen und es hat bis zur Mitte des 20. Jahrhunderts gedauert, bis sich in den deutschen evangelischen Kirchen die Auffassung durchsetzte, „die eheliche Lebensgemeinschaft habe in sich einen Eigenwert unabhängig von den sogenannten ‚Ehezwecken', insbesondere der Weitergabe von Leben, ja die Ehe sei letztlich eine ‚zweckfreie Lebensgemeinschaft'".[15] Zur Verbreitung dieser Auffassung haben vor allem Karl Barth und Helmut Thielicke beigetragen.

Befragt man die Heilige Schrift nach dem Sinn der Ehe, dann stößt man auf ein differenziertes Bild. Ohne Zweifel dominiert im Alten

---

[12] Vgl. hierzu B. Wannenwetsch, a.a.O., S.143ff.

[13] U. Eibach, a.a.O., S.57 Anm. 14.

[14] B. Wannenwetsch, a.a.O., S.144.

[15] U. Eibach, a.a.O., S.97.

Testament der Zweck der Zeugung von Nachkommen und damit eng verbunden die Sicherung des Familienbesitzes das Verständnis der Ehe. Man muss sich bewusst machen, dass der Familienverband, das ‚Vaterhaus' der tragende Grund der gesamten Existenz war. Die Familie war Produktionsgemeinschaft zur Sicherung der wirtschaftlichen Existenz, sie bot Schutz nach außen, sie trug die Familienmitglieder in Krankheit und Alter. Von daher verwundert es nicht, wenn hier die Familie im Vordergrund steht, während die Ehe nur eine der Familie dienende Funktion hat. Im Alten Testament gibt es nicht einmal „ein eigenes und geläufiges Wort für die Institution der Ehe".[16] Wie sehr die Ehe diesem Zweck untergeordnet war, zeigen die Einrichtungen von Nebenfrauen, der Levirats- oder Schwagerehe und der Polygamie. Auch die patriarchalische Gesellschaftsordnung ist vielleicht dadurch mitbedingt, dass sie die bessere Chance zur Überlebenssicherung bot.[17]

Daneben gibt es aber schon im Alten Testament Hinweise darauf, dass der Sinn der Ehe nicht in diesem Zweck der Überlebenssicherung aufgeht.
Immer wieder meldet sich die liebende Zuwendung zwischen Mann und Frau unüberhörbar zu Wort. Man denke - um nur einiges zu nennen - an die Liebe Jakobs zu Rahel (Gen 29,18.30), an die Worte Elkanas zu seiner Frau Hanna, die wegen ihrer Kinderlosigkeit trauert: „Bin ich dir nicht mehr wert als zehn Kinder?"[18] (1 Sam 1,5), daran, wie sich Sauls Tochter Michal in David verliebt (1.Sam 18,20.28), und schließlich an die Beschreibung der Liebe im Hohelied.
Ein sehr gewichtiges Argument gegen die Unterordnung der Ehe unter den Zweck die Nachkommenschaft zu sichern, finden wir in den Aussagen über die Schöpfung des Menschen in Gen 2. Hier wird im bewussten Gegensatz zur völligen Dominierung der ehelichen Gemeinschaft

---

[16] H.W. Wolff, Anthropologie des Alten Testaments, München 61994, S.243.

[17] Vgl. E. Otto, Theologische Ethik des Alten Testaments, S.51.

[18] An der Not der Hanna zeigt sich deutlich, in welche Not Frauen geraten können, wenn der Sinn der Ehe wesentlich darin besteht, Nachkommen zu zeugen: Die kinderlose Frau verliert in den Augen der Gesellschaft ihre Ehre und ihren Wert. Der Druck auf die Frau ist dabei so stark, dass nicht einmal die Liebe des Ehemannes zu trösten vermag.

durch die Zwecke der Familie der eigentliche Schöpferwille Gottes in der Lebensgemeinschaft von Mann und Frau gesehen. Der Jahwist sieht „in der Ehe eine innige Lebensgemeinschaft in Liebe, gegenseitiger Ergänzung und Ehrfurcht (Gen 2,21-24)."[19]
Und schließlich weist vor allem die Gleichnisfähigkeit der Ehe für den Treuebund zwischen Gott und Israel darauf hin, dass der Sinn der Ehe weder in dem Zweck der Erhaltung der Nachkommenschaft noch in einem anderen Zweck liegen kann. Die Vergleichspunkte von Liebe und Treue, die den Ehebund mit dem Bund zwischen Gott und seinem Volk bzw. dann im Neuen Testament zwischen Christus und seiner Gemeinde verbinden, weisen auf den wirklichen Ehezweck hin, die Lebensgemeinschaft von Mann und Frau in Treue.[20]

An diesen theologischen Begründungszusammenhang knüpft im neuen Testament die Eheparänese aus Epheser 5 an, und erhebt ihn damit zum wesentlichen Interpretament der Ehe. Allerdings wird dort die Liebe und Treue Christi zu seiner Gemeinde zum Vorbild der Ehe. Auch bei Jesus finden wir das Verständnis der Ehe ganz von der Lebensgemeinschaft zwischen Mann und Frau bestimmt. Nicht von ungefähr greift er in seiner Stellungnahme zur Ehescheidung in erster Linie auf Gen 2 zurück. „Von einer notwendigen Abzweckung der ehelichen Gemeinschaft auf Kinderzeugung und Fortbestand der Familie oder von einer Integration der Ehe in eine übergreifende Familienstruktur ist bezeich-

---

[19] So Josef Scharbert in TRE Bd. 8, S.313; vgl. auch H.Thielicke, Theologische Ethik Bd. III, §§ 2101 u.2113; H.W.Wolff, a.a.O., S.251.

[20] Mal 2,14f markiert im AT das Ende einer Traditionsgeschichte, bei der offensichtlich von beiden Beziehungsseiten Licht auf die jeweils andere fallen konnte. Zum einen ist die Ehe gleichnisfähig für den Bund zwischen Jahwe und Israel (Hos 1-3; Jer 2,2; 3,1; Ez 16; 23), zum anderen wird in Mal 2 der Bund auch Vorbild für die Ehe zwischen Mann und Frau. Der Ehebund muss sich hier messen lassen an der Bundestreue Gottes zu seinem Volk. Mal 2,14 „*Der HERR war Zeuge zwischen dir und dem Weib deiner Jugend, dem du treulos geworden bist, obwohl sie doch deine Gefährtin und die Frau ist, mit der du einen Bund geschlossen hast.*" Wie die Beziehung von Gottesbund und Ehebund ganz neue Verstehensmöglichkeiten für die eheliche Beziehung eröffnen konnte, das wird etwa an Hosea 2,18 deutlich. Dort wird über die Beziehung Jahwes zu Israel gesagt: „*Alsdann spricht der Herr, wirst du mich nennen ‚Mein Mann' und nicht mehr ‚Mein Baal'.*" Es entspricht dem damaligen Sprachgebrauch in Israel, dass der Ehemann als Baal der Frau bezeichnet wurde. „Rechtlich gilt der Mann als ‚Besitzer' der Frau (baal issa Ex 21,3.22; Dtn 24,4; 2 Sam 11,26), die Frau als ‚Besitz' des Mannes (beulat baal Gen 20,3; Dtn 22,22)." H.W.Wolff, a.a.O., S.244.

nenderweise keine Rede. Gen. 1,28 (»Seid fruchtbar und mehret euch«) wird auch sonst im NT nirgendwo zitiert und geschlechtliche Gemeinschaft ohne den Willen zur Kinderzeugung anders als bei vielen antiken Autoren nicht disqualifiziert."[21] „Überhaupt erscheint die Ehe (-schließung) weniger als Sache der Sippe denn als Angelegenheit der Gemeinde; die Ehe soll ‚im Herrn' geschlossen und geführt werden, durch den ohnehin alle Verwandtschaftsbeziehungen relativiert werden (Mk 3,31ff)."[22]

Der zweite traditionell dominierende Ehezweck, die Kanalisierung der Sexualität, beruft sich zwar auf das biblische Zeugnis, war aber im wesentlich von den leibfeindlichen Vorstellungen der Spätantike bestimmt. Viele Kirchenväter waren von der Vorstellung geprägt, die Triebhaftigkeit des Leibes sei sündig und müsse deshalb der Herrschaft des Geistes unterworfen werden. Die Bibel dagegen weiß zwar um die Zwiespältigkeit der sexuellen Begierde, hat sie aber an keiner Stelle als Folge des Sündenfalls bzw. als Sitz und Ursprung der Sünde verstanden. Sie rechnet zwar mit der selbstbezogenen Begierde des Menschen (z.B. Jak 1,13ff) ohne aber die Sexualität als gute Gabe Gottes preiszugeben. „Wie der Brot- und Weingenuss so gehören auch die Liebesfreuden zu den Gaben Gottes in dieser unausrechenbaren Welt, sagt Qohälät (9,7-9)."[23] In dieser Linie steht auch das Neue Testament obwohl Paulus im Hinblick auf 1 Kor 7,2[24] immer wieder unterstellt worden ist, er verstehe die Ehe als ‚notwendiges Übel' oder als ‚Sicherheitsventil' und sie sei für ihn deshalb mit institutionalisierter Triebbefriedigung gleichzusetzen. Doch ist zu beachten, an welche Adresse Paulus diese Aussage richtet. Er antwortet auf ein Schreiben der Korinther, die offenbar eine sexuelle Askese befürworten. Gegenüber diesen Leuten, „die bei ihrem asketischen Höhenflug die Wirklichkeit von Leib und Sexualität aus den Augen zu verlieren scheinen, bleibt er nüchtern und illusionslos genug, um bei aller eigenen Hochschätzung

---

[21] W. Schrage, in: E.S.Gerstenberger, W.Schrage, Frau und Mann, Stuttgart 1980, S. 155.

[22] B. Wannenwetsch, a.a.O., S. 152

[23] H.W. Wolff, a.a.O., S.253.

[24] „Aber um Unzucht zu vermeiden, soll jeder seine eigene Frau haben und jede Frau ihren eigenen Mann."

der Ehelosigkeit die dabei drohenden Gefahren nicht zu bagatellisieren. Darum ist ihm die Ehe der einzig angemessene Weg, die Sexualität des Menschen in geordneten Bahnen zu halten."[25]

Von der Heiligen Schrift her sind also - durchaus kritisch gegen die eigene christliche Tradition - alle Versuche abzuwehren, die Ehe durch irgendwelche Zwecke zu instrumentalisieren. Das Wesen der Ehe besteht in der Lebensgemeinschaft von Mann und Frau.[26] „Ehe als Lebensgemeinschaft ist ein gewaltige Werk für sich. Wo sie nicht zunächst und auch immer wieder als Selbstzweck ernst genommen wird, da besteht dringende Gefahr, dass dieses Werk nicht recht getan wird. Es ist zu schwer, als dass es recht getan werden könnte, wo es irgend einer anderen Absicht, und wäre es die beste, dienstbar gemacht wird."[27] Es ist der Romantik als bedeutsame Kulturleistung anzurechnen, diese in der Heiligen Schrift schon angelegte Erkenntnis neu ins Bewusstsein des Christentums gerufen zu haben. Allerdings ist es die gleiche romantische Vorstellung von Liebe, die zum Ausgangspunkt für eine neue Art von Verzecklichung der Ehe geworden ist. Dagegen ist das biblische Verständnis der Ehe nun abzugrenzen. „'Selbstzweck' ist die Ehe nicht in dem Sinn, dass sie nichts und niemand außer sich bräuchte."[28] Es geht hier also nicht um einen Egoismus zu zweit, bei dem sich zwei Individuen selbst genug sind. Vielmehr will der Begriff ‚Selbstzweck' darauf aufmerksam machen, dass der Beziehung zwischen Mann und Frau nach christlichem Verständnis die primäre Aufmerksamkeit und Pflege zukommt. Der Selbstzweck der Ehe besteht in dem „Zweck", den Gott selbst als der Schöpfer der Ehe gegeben hat: Sie ist der erste und exemplarische Ort, an dem sich die Bestimmung des Menschen zur Mitmenschlichkeit bewähren kann und soll. Dabei steht sie in einem abbildhaften Zusammenhang mit der liebenden Beziehung zwischen Gott und seinem Volk.

Demgegenüber wird die Ehe heute oft unbewusst als Instrument der Selbstverwirklichung missbraucht. Zwar spricht auch die Heilige

---

[25] W. Schrage, a.a.O., S.153.

[26] vgl. B. Wannenwetsch, a.a.O., S.149.

[27] K. Barth, a.a.O., S.211f.

[28] B. Wannenwetsch, a.a.O., S.150.

Schrift der personalen Beziehung, der Liebe zwischen Mann und Frau, eine grundlegende Bedeutung für die Ehe zu (Mt 5,27f; 19,8), meint damit aber nicht, dass allein die erotischen Gefühle der Partner füreinander die Ehe konstituieren. Diese Vorstellung ist erst in der Zeit der Romantik geprägt worden. „Die romantische Liebe ist ein Gefühl, das nur in sich selbst begründet ist und das daher seinen Sinn und Zweck nur in sich selbst hat."[29] Es ist unschwer zu erkennen, dass diese Auffassung von Liebe aus dem Verliebtheitserlebnis stammt. Was man hier erfahren hat, wird mit dem Anspruch auf ein „ewiges Hier und Jetzt" über die ganze Länge einer Dauerbeziehung hin ausgedehnt. Liebe als Verliebtheit auf Dauer".[30] Sinn dieser Liebe ist die Steigerung des je eigenen Glücks in der Beziehung zum anderen und der Ergänzung durch den anderen. In dieser Sinn- oder besser gesagt Zweckbestimmung bahnte sich die Lebensanschauung an, die für den Menschen von heute prägend ist: Das Modell der individuellen Selbstverwirklichung. Liebe und Ehe werden verstanden als Erfüllung der eigenen Bedürfnisse durch den anderen. In diesem Modell ist es nur logisch, dass eine gegenseitige Bindung nur so lange Sinn macht, wie die Partner aus dieser Gemeinschaft je für sich erotischen und sonstigen Gewinn ziehen. Auch wenn das sicher nicht bewusst geschieht, wird hier das Gegenüber Mittel zum Zweck der Erfüllung meiner Bedürfnisse.

In engem Zusammenhang mit dieser Verzwecklichung der Ehe als Instrument der Selbstverwirklichung steht ihre Überforderung als Garant persönlichen Lebensglücks. „Nicht nur voreheliche Beziehungen Jugendlicher, sondern auch viele Ehen - junger, wie auch von Menschen in der Mitte des Lebens - scheitern an den nicht erfüllten und oft auch nicht erfüllbaren individuellen Glückserwartungen, die an die eheliche Gemeinschaft gerichtet werden. . . . nicht nur hinsichtlich erotischer Attraktion sondern ebenso in Bezug auf psychisch-geistige Fähigkeiten (Geborgenheit, Zärtlichkeit, verständnisvoller Gesprächspartner usw.)."[31] Deshalb besteht nach meiner Überzeugung eine ganz wichtige Aufgabe für uns darin, mit jungen Menschen, aber auch mit denen, die mit ihrer Ehe unzufrieden sind, über ihre Erwartungen an

---

[29] U. Eibach, a.a.O., S.62.

[30] H. Jellouschek, Die Kunst als Paar zu leben, S.19.

[31] U. Eibach, a.a.O., S.101f.

die Ehe zu reden, und sie auf den Boden der biblischen Verheißung für die Ehe zurückzuholen; es zumindest zu versuchen. Denn je größer die Glückserwartungen sind, die uns von den Massenmedien frei Haus serviert werden und bei unserer Konsum-Mentalität auf fruchtbaren Boden fallen, desto eher wird die eigene Ehe als Ungenügend empfunden. Dabei will die biblisch recht verstandene Ehe diese Standards überhaupt nicht erfüllen! Von ihrem Charakter als zugesagte Lebensgemeinschaft her versteht sie sich überhaupt nicht als Erhaltung oder gar Steigerung eines einmal erlebten Glücksgefühls. Sie ist vielmehr auf eine noch zu gestaltende Zukunft hin ausgerichtet, und findet ihr Glück darin, diese Zukunft gemeinsam gestalten zu können und manchmal auch zu erleiden. „Aus dem Dilemma, die Suche nach individuellem Glück entweder moralisch abwerten oder einem Hedonismus das Wort reden zu müssen, kommt man erst heraus, wenn man den Menschen von vornherein als ein Wesen versteht, das nicht als abstraktes Individuum in und aus sich selbst lebt, sondern sein Leben aus Beziehungen empfängt und es in ihnen lebt."[32]

Gemäß der Heiligen Schrift ist die ehelicher Liebe nicht an dem eben beschriebenen romantischen oder man könnte auch sagen erotischen Liebesverständnis orientiert, sondern an der göttlichen Liebe und Treue, wie Jesus Christus sie offenbart. Die Bibel sieht die Beziehung von Mann und Frau in den umfassenden Horizont des Bundes eingebettet: Eph 5,25f „Ihr Männer, liebt *(agapate)* eure Frauen, wie auch Christus die Gemeinde geliebt hat und hat sich selbst für sie dahingegeben, um sie zu heiligen." Die Liebe von Mann und Frau soll sich orientieren an der Liebe Christi zu seiner Gemeinde. Die Agape schließt allerdings „die Selbstliebe und das Glück des einzelnen, zu der auch die sexuelle Lust gehört, nicht aus, sondern gibt ihnen das rechte Maß und Ziel (Mk 12,30f)." So wie Christus die Gemeinde, seinen Leib liebt, „so sollen auch die Männer ihre Frauen lieben wie ihren eigenen Leib. Wer seine Frau liebt, liebt sich selbst" (Eph 5,28). Selbstliebe und Nächstenliebe schließen sich also nicht aus, wenn der »Bund« beide Partner zusammenhält und trägt.[33] „Die Liebe, die ‚aus dem Kreuz geboren wird', sucht nicht das Ihre (1Kor 13,5; vgl. Tobias

---

[32] U. Eibach, a.a.O., S.103.

[33] Vgl. U. Eibach, a.a.O., S.87.

8,7ff.), wendet sich nicht dorthin, ‚wo sie das Gute findet, um es zu genießen, sondern wo sie dem Armen und Dürftigen zuteilen kann'.[34] Hier geht es also darum, dass der Mann die Frau mit seinen Gaben und Möglichkeiten beschenkt und damit in ihre gemeinsame Beziehung, d.h. auch in sich selbst investiert.[35]

Schließlich, da deutlich ist, dass die Lebensgemeinschaft der Ehe nicht verzwecklicht werden darf, kann und muss das, was traditionell als Zweck der Ehe bezeichnet wurde wieder neu in den Blick kommen; nicht als etwas, das die Ehe konstituiert, das ihr ihren Sinn gibt, sondern als Frucht dieser Lebensgemeinschaft. Dabei darf von dieser Frucht durchaus gesagt werden, dass sie zum Baum dazugehört. Wichtig war uns, deutlich zu machen, dass ein Baum nur dann in gesunder Weise Früchte bringen kann, wenn er selbst die nötige Pflege erhält. Erhält er diese, dann werden die Früchte in der Regel nicht ausbleiben sondern wie von selbst wachsen.

Dazu gehört zunächst die Elternschaft. Nehmen zwei Menschen ihre Ehe als geschenkten „Lebensraum lustvoller Mitmenschlichkeit" an, d.h. als den Raum, in dem sie ihre Bestimmung zur liebenden Beziehung zu Gott und zum Mitmenschen leben können, dann werden sie nicht mehr in jener Zeitvergessenheit leben, die so tut, „als finge die Welt mit uns an und als höre sie mit uns auf." Sie werden begreifen, dass ihre Eltern ihnen ihr Leben geschenkt haben und aus Dankbarkeit das Empfangene weiterschenken. Sie werden Verantwortung für die Zukunft dieser Welt wahrnehmen, indem sie Kinder zeugen, wenn Gott es schenkt. „Wer, obwohl er sie haben könnte, keine Kinder haben

---

[34] M. Luther, 28.These der Heidelberger Disputation, Münchner Ausgabe Bd. 1, S.137.

[35] Ich verstehe die Argumentation des Paulus in Eph 5,21-33 als einen „Versuch, Verhaltensmuster der damaligen Welt - vor allem, dass „der Mann des Weibes Haupt" sei, - umzuwandeln und zu sprengen von der christologischen Herr-Knecht-Dialektik aus." (O. Bayer, a.a.O., S. 14; vgl. H. Thielicke, a.a.O., § 1809.) Paulus setzt also durchaus an beim damaligen Verständnis der Mann-Frau Beziehung: Ja, der Mann ist das Haupt der Frau. Aber das gilt nun in Entsprechung zum Haupt-Sein des Christus Jesus über seine Gemeinde. D.h. er sei „das Haupt der Frau, wie Christus das Haupt der Gemeinde, für die er sich dahingab - im Dienen also, nicht im Herrschen". (ebd.) Hier ist also der Mann aufgefordert, den „unteren Weg" zu gehen, so dass von einem Herrschaftsverhältnis des Mannes über die Frau nicht wirklich gesprochen werden kann.

will, setzt der Welt, soweit an ihm liegt, ein Ende. Er entscheidet selbstherrlich, dass es sich nicht lohnt, die Welt zu bewahren."[36]
Wer die Ehe als von Gott gegebenen Lebensraum versteht, um Mitmenschlichkeit zu leben, der kann seine Sexualität nicht mehr primär oder ausschließlich im Horizont der Selbstverwirklichung und des Strebens nach individueller Lebenserfüllung auszuleben suchen, sondern er wird sie in den Dienst der dauerhaften Bindung der Partnerschaft stellen. Wenn sie dem Hauptziel, der glückenden Lebensgemeinschaft untergeordnet wird, dann bekommt die lustvolle Sexualität eine wesentliche Funktion in der Erhaltung, Stärkung und Vertiefung der Beziehung.

Auch der Wunsch nach Glück hat als Frucht der Lebensgemeinschaft seinen Platz in der Ehe. Aber Glück kann niemals erzwungen werden. Gerade am Beispiel der Ehe wird offenbar, dass es Glück „nur für mich alleine" nicht geben kann. Außerdem wird der das Glück verfehlen, der es sich auf direktem Weg zu nehmen versucht. Glück wird nur geschenkweise erfahren. So mag es sich „einstellen als willkommene Beigabe einer Gemeinschaft, die um ihrer selbst willen gelebt wird."[37]

3. Die Heilige Schrift versteht die Ehe als Gleichnis der „Bundestreue" Gottes

In einem dritten Schritt möchte ich nun die Wesensmerkmale, die nach allgemeinem Verständnis die Ehe überhaupt erst zur Ehe machen, betrachten: Die lebenslange Dauer der Ehe, ihre Exklusivität, d.h. die Begrenzung der Beziehung auf einen Mann und eine Frau, und ihre öffentlich-rechtliche Dimension. Auch hier geht es mir wieder um die Frage nach einer Begründung dieser ehelichen Wirklichkeiten. Diese ist aber, wie mir scheint, nicht allein aus der schöpfungsmäßig gegebenen menschlichen Wirklichkeit abzuleiten. Theologisch stichhaltig ist allein die christologische Begründung von Epheser 5 bzw. die Begründung aus der Analogie der ehelichen Beziehung mit der Beziehung zwischen Gott und seinem Volk.

---

[36] O. Bayer, Zeit zur Antwort. Ehe als freie Lebensform, Elternschaft und Beruf, in: ders. (Hg.), Ehe. Zeit zur Antwort, Neukirchen 1988, S.14ff.

[37] B. Wannenwetsch, a.a.O., S.170

a) Die Begründung der lebenslangen Dauer der Ehe aus der Bundestreue Gottes.

Es ist allein die unerschütterliche Treue Gottes zu seinem Volk, die die lebenslange Dauer der Ehe begründen kann. Eine Begründung der ehelichen Treue, die dem Anspruch theologischer Ethik genügt, also nicht etwa aus dem Besitzanspruch des Mannes auf seine Frau abgeleitet ist[38], ist aus dem Wesen der Ehe als solcher nicht abzuleiten. Dagegen stehen weite Teile des Alten Testamentes, in denen diese Konsequenz offensichtlich nicht als zwingend empfunden wurde. Zumindest der Mann fühlte sich durchaus berechtigt seine Frau zu entlassen, indem er ihr einen Scheidebrief schrieb.

Auch heute wird die lebenslange Dauer nicht als notwendiges Element der Ehe empfunden. Die „Treue zu sich selbst" rangiert vor der Treue zum Partner. Warum, so wird gefragt, „sollten die Liebe und das gemeinsame Leben sich nicht statt durch Dauerhaftigkeit viel eher durch die je aktuelle Intensität der Erfahrungen auszeichnen?"[39] Natürlich gibt es auch nicht-theologische Hinweise, die für die Treue zwischen Ehepartnern sprechen, aber eine letztgültige Begründung können sie nicht bieten.[40]

Nach dem Zeugnis der Heiligen Schrift ist die eheliche Treue aus der Treue Gottes zu seinem Volk zu begründen. Gottes Bund mit seinem Volk ist ohne seine Treue nicht vorstellbar. Von dieser Treue leben wir. Ohne diese Treue könnten wir nicht bestehen. Paulus sieht diese Treue Gottes zu seinen Menschen, die in Jesus Christus endgültig offenbar geworden ist, im Anhangen des Mannes an der Frau vorabgebildet. *»Darum wird ein Mann Vater und Mutter verlassen und an seiner Frau hängen, und die zwei werden ein Fleisch sein« (1. Mose 2,24). Dies Geheimnis ist groß; ich deute es aber auf Christus und die Gemeinde. Darum auch ihr: ein jeder habe lieb seine Frau wie sich selbst; die Frau aber ehre den Mann."* Diese Treue ist unauflöslich. An dieser Treue soll sich die Ehe der Menschen orientieren.

---

[38] So hat das Alte Testament die scharfe Strafandrohung bei Ehebruch verstanden: Es wird der Besitzanspruch des Mannes angetastet und damit der Friede der Gemeinschaft gefährdet.

[39] B. Wannenwetsch, a.a.O., S.185f.

[40] vgl. B. Wannenwetsch, a.a.O., S.184-187

Von der Treue Gottes her verstanden wird die eheliche Treue allerdings mehr sein als eine Sache der Moral, eine „gute Charaktereigenschaft" etwa oder ein „eisernes Prinzip", an das man sich hält. Sie bleibt abhängig vom glaubenden Sich-Festhalten an Gottes Zusage und an seiner Treue. „So bedeutet das alttestamentliche *aman* ein „Sich-Festmachen" an dem, was Gott getan hat."[41] Und im Neuen Testament zielt *pistis* zuerst auf das Sich-Einlassen auf die Treue Gottes (1 Kor 1,9) bevor es dann auch die Treue zu den Glaubensinhalten meint. Entsprechend wird die menschliche Treue in der Ehe nur dann gelingen und nicht zur harten Schale und zum knechtenden Prinzip, wenn sie zuerst immer wieder die Treue Gottes anschaut und zur Grundlage der eigenen Treue macht.

Exkurs: Zur Unauflöslichkeit der Ehe
An dieser Stelle ist nun auch ein Wort zur Scheidung zu sagen. Der Wille Gottes für die Ehe ist vollkommen klar: Ist der Ehebund „eine irdische Entsprechung der Treue Gottes zu den Menschen, wie sie in Jesus Christus endgültig sichtbar gelebt, bezeugt und bis zum Tode am Kreuz durchgehalten wurde", dann leuchtet es völlig ein, wenn Jesus in Mt 19,1-9 // Mk 10,1-12 die Scheidung grundsätzlich ablehnt. Nun gibt es das aber, dass Ehen scheitern. Wie ist in diesem Zusammenhang Jesu Wort zu verstehen? Helmut Thielicke schreibt: „Jesus richtet durch seine Kritik am Scheidebrief ... keine neue Ordnung auf, sondern er ruft das Maß aller Ordnung ins Bewußtsein."[42] „Eben deshalb wäre es aber nun grundfalsch, wollte man Jesu Bezug auf die Schöpfungsordnung der Ehe nun selbst wieder gesetzlich verstehen und als eine neue, geläuterte und in ihrem Ursprungssinn wiederhergestellte *Rechts*ordnung begreifen."[43] Jesus kritisiert den Schluss der damaligen Theologen von der Rechtsordnung auf den Willen Gottes, als enthalte die von Gott gewollte Ordnung der Schöpfung die Möglichkeit und das Recht zur Scheidung. Dazu sagt Jesus kategorisch Nein. Wenn Mose den Männern gebot, bei einer Scheidung der Frau einen Scheidebrief zu schreiben, dann geschah das auf ihre Herzenshärtigkeit hin, d.h. der Scheidebrief war keine Erlaubnis zur Scheidung, sondern er hielt sozu-

---

[41] B. Wannenwetsch, a.a.O., S.183.

[42] H. Thielicke, a.a.O. § 2121.

[43] H. Thielicke, a.a.O. § 2119.

sagen die Übertretung der göttlichen Ordnung schriftlich fest und gab gleichzeitig der Frau zumindest einen gewissen Schutz. Jesus macht deutlich: Es gibt kein von Gott gewolltes Recht zur Scheidung.

Dennoch muss es angesichts der Herzenshärtigkeit der Menschen eine Rechtsordnung geben, die die Scheidung von Menschen regelt, um die schlimmste Unordnung zu vermeiden und um die Menschen vor sich selbst zu schützen - auch wenn diese Rechtsordnung den Willen Gottes nicht vollkommen zum Ausdruck bringt. Davon ist eine verantwortliche Gemeindeleitung immer ausgegangen. Schon in Mk 10,11f wird nicht die Scheidung sondern die Wiederheirat untersagt, weil erst dann die Ehe endgültig gebrochen ist. Entsprechend geht auch Paulus vom Faktum der Scheidung aus, gebietet in diesem Fall aber unverheiratet zu bleiben, um die Möglichkeit einer Versöhnung nicht auszuschließen. Auch heute haben wir Regelungen zu finden für diese nach Gottes ursprünglichem Willen nicht mögliche Möglichkeit - wie die Stellungnahme der Bundesleitung von 1998 zeigt. Wir leben eben noch nicht in Gottes neuer sondern in der gefallenen Welt.

b) Die Begründung der Exklusivität der Ehe aus der freien Wahl Gottes. Auch hier gilt wieder: Eine Begründung der Exklusivität der Ehegemeinschaft, also der Monogamie, aus der wesensmäßigen Beschaffenheit des Menschen ist nicht möglich. Das zeigt sich an folgenden Tatsachen: Die Institution der Ehe war oder ist außerhalb des Christentums inklusive des Alten Testamentes weithin von der Vielehe (zumindest von der Möglichkeit dazu) geprägt. Innerhalb der christlichen Gesellschaft, in der die Polygamie verboten war, war es lange Zeit üblich, das Bedürfnis nach sexuell-erotischem Glück außerhalb der Ehe zu befriedigen. Heute wird die Exklusivität der Ehe am stärksten von der Tendenz zur leichten Wechselbarkeit der Beziehungen in Frage gestellt. Ein Mann hat also nicht mehrere Frauen gleichzeitig, sondern Mann oder Frau haben mehrere Partner nacheinander, man nennt das auch „sukzessive Polygamie".

Wie kann also die Monogamie theologisch begründet werden. Ich stelle dazu in aller Kürze die Argumentation Karl Barths[44] dar. Er stellt nacheinander die anthropologischen Gründe dar, die für die Exklusivität der Ehebeziehung sprechen, kommt letztlich aber zu dem Schluss,

---

[44] KD III, 4

dass auch sie sich nur aus der Treue Gottes begründen lässt. Barth geht davon aus, dass die Ehe nur aus der Liebe zweier Menschen entstehen kann. „Lieben, diligere, heißt aber wählen: je die Eine und keine Andere, je den Einen und keinen Anderen. Wer noch nebeneinander oder abwechselnd mehere lieben zu können und zu dürfen meint, der liebt noch gar nicht."[45] Ist die Ehe als Lebensgemeinschaft die Bewährung der Liebe, dann ist sie die Bestätigung dieser in der Liebe getroffenen Wahl. Nur diese Eine, dieser Eine soll es sein. Zugleich ist die Ehe damit die Bestätigung der Überzeugung, die rechte Wahl getroffen zu haben. Mit der Ehe bestätigen die Beiden: Wir sind überzeugt, dass wir füreinander bestimmt sind.

Aber, so Barth mit Recht, diese Entscheidung ist ja nur ein sehr menschliches Werk und insofern nicht unfehlbar. Deshalb kann die Begründung der Richtigkeit dieser Wahl von der Liebe her nur eine begrenzte sein. Deshalb ist, so Barth, nach einer Begründung, die von der Liebe „zwar nicht absolut aber doch relativ unabhängig ist"[46] zu fragen. Das trifft auf die Lebensgemeinschaft, die mit der Eheschließung begonnen hat, zu. Als Lebensgemeinschaft ist die Ehe eine eigene, neue Lebensgestalt, die relativ unabhängig von der Liebe ist. Denn in der Ehe ist die Frage gar nicht mehr die, ob die beiden Menschen die rechte Wahl getroffen haben; das Wählen liegt hinter ihnen, sie haben nun die Aufgabe vor sich, in völliger Lebensgemeinschaft ihr Leben miteinander zu gestalten. Solche Lebensgemeinschaft ist aber nur zu zweit möglich, denn ein dritter würde dabei unweigerlich zur Störung werden, weil niemand zwei Menschen gleichzeitig völlig gerecht werden kann. Völlige Lebensgemeinschaft ist also nur als Einehe möglich.

Aber auch hier gilt: Diese Lebensgemeinschaft bleibt Menschenwerk und deshalb unvollkommen. Dann kann aber die Unvollkommenheit der Vielehe trotz ihrer Mängel vielleicht das kleinere Übel sein.[47] Deshalb ist auch die Begründung der Einehe aus der Forderung der völligen Lebensgemeinschaft nicht hinreichend und insofern ebenfalls

---

[45] A.a.O., S.218

[46] A.a.O., S.220

[47] So im Anschluß an L. Köhler auch H.Thielicke, ThE III § 2112 und H.W.Wolff, Anthropologie S.247f.

begrenzt. Eine letzte Begründung findet Barth deshalb nur im Wesen Gottes. „Gottes Wahl und Gottes Bund ist es, was der Forderung der Einehe unbedingten, zwingenden Charakter gibt." In der Ehe dürfen Mann und Frau „die Gemeinschaft Gottes mit dem Menschen, das heißt aber den Bund seiner freien erwählenden Gnade darstellen und abbilden, in der Wahl der Liebe sein freies, gnädiges Erwählen, im Bund der Ehe die Treue seines Bundes, auf dass es wahr werde: „Gott schuf den Menschen zu seinem Bilde, nach dem Bilde Gottes schuf er ihn; als Mann und Frau schuf er sie" (Gen. 1,27)."[48]

c) Die Begründung der öffentlich-rechtlichen Dimension der Ehe.
Es ist historisch eine Tatsache, dass die Ehe immer auch als öffentlich-soziale Angelegenheit gesehen wurde, die auf eine rechtliche Ordnung und Gestaltung angewiesen ist. „Das spiegelt sich auch in der Etymologie des deutschen Wortes „Ehe" wider, dessen Grundform „(a)jewes" zuerst „Sitte", dann „Recht" bedeutete. Wer jedoch von einem romantisch geprägten Verständnis von Ehe ausgeht, den kann dieser Hinweis auf die Historie in aller Regel nicht überzeugen. Nur weil es schon immer so war, muss es noch lange nicht wahr sein, wird dem entgegnet werden.

Gehen wir wieder vom Liebesbund Gottes mit seinem Volk aus, dann wird deutlich, dass diese Liebe aus „ihrem Wesen, ihrer Verläßlichkeit und Treue heraus ... auf institutionelle, auch rechtliche und öffentliche Gestaltung"[50] drängt. Liebe und Recht widersprechen sich nicht, denn Liebe meint nicht das Gefühl zweier autonomer Individuen, sondern es meint die Liebe, die sich zur Gemeinschaft mit Gott und den Mitmenschen berufen weiß und deshalb der Gemeinschaft nicht gleichgültig gegenüber steht. Die Liebe ist eben nicht die Auflösung des Gesetzes, sondern des „Gesetzes Erfüllung" (Rö 13,10, vgl. Mt 5,17)

Im Bezug auf die bürgerliche Rechtsform der Ehe bedeutet das: „Wo die rechtliche Dimension zum Wesen der Ehe erhoben wird, wird die

---

[48] KD III,4, S.221

[49] B. Wannenwetsch, a.a.O., S. 194, Anm. 223; vgl. Kluge, Etymologisches Wörterbuch, S.166.

[50] O. Bayer, a.a.O., S.19.

konkrete Ehe *heillos unterschätzt:* denn sie ist viel mehr, als sich darin erfassen ließe. Auf der anderen Seite wird die konkrete Ehe ebenso *heillos überschätzt,* wo Menschen die rechtliche Dimension überhaupt für *unwesentlich* halten und meinen, sich ihrer deshalb enthalten zu sollen: Dann nämlich sind Wohl und Wehe der Ehe ganz allein auf die Partner gestellt und diese damit auf sich allein."[51]

Daneben sehe ich noch einen weiteren Aspekt der Begründung des öffentlich-rechtlichen Charakters der Ehe im Gottesbund. Unter evangelischen Christen wird immer wieder betont, die Ehe sei ein „weltlich Ding", was allerdings oft missverstanden wurde. Weltlich ist die Ehe nicht in dem Sinn, dass es in ihr eine jedem erkennbare, „natürliche" Ordnung und Eigengesetzlichkeit gäbe. Die Ehe ist Schöpfung Gottes und insofern ist ihre Bestimmtheit sehr wohl geistlich, als solche ist sie ein „geistlich Ding". Die Rede von der Ehe als einem „weltlich Ding" will sagen, dass sie eine ursprüngliche Gemeinschaftsform des menschlichen Lebens, des Lebens aller Menschen ist. Was Christen und Nichtchristen hinsichtlich der Ehe unterscheidet, ist die Tatsache, dass Christen den göttlichen Willen, die Analogie zum Bund Gottes mit seinen Menschen in dem durch und durch weltlichen Ding Ehe erkennen und bejahen. Deshalb haben Christen die wichtige Aufgabe, öffentlich Zeugnis zu geben vom Wesen der Ehe. Sie haben die Ehe durch ihr Leben öffentlich zu bekennen als Lebensraum lustvoller Mitmenschlichkeit, als zweckfreie Lebensgemeinschaft und als ein Gleichnis der unerschütterlichen Treue Gottes zu seinen Menschen. Deshalb sollten wir froh sein darüber, dass es in unserem Staat noch ein Rechtsverständnis der Ehe gibt, nach dem sie »auf Lebenszeit geschlossen« ist.[52] Und es wäre um der Menschen willen, die nichts wissen von dem großartigen Geschenk, das Gott uns mit der Ehe gegeben hat, unverantwortlich, den rechtlichen Rahmen, wie er uns gegeben ist, zu verachten.

---

[51] B. Wannenwetsch, a.a.O., S.196.

[52] vgl. O. Bayer, a.a.O., S.23.

III. Die Ehe in der Perspektive des Reiches Gottes

Abschließend möchte ich nur noch kurz auf die eschatologische Relativierung der Ehe in der Perspektive des Reiches Gottes eingehen. Sowohl in der Verkündigung Jesu wie auch in den Aussagen des Paulus gehört die Ehe nicht zu den „letzten" sondern zu den „vorletzten" Dingen.[53] Die irdische Institution der Ehe wird es in der neuen Welt Gottes nicht mehr geben. Damit ist aber keineswegs die Bedeutung und der Wert der Ehe für das Leben in dieser Welt bestritten, sondern sie gewinnt durch diese Perspektive erst ihre christliche Kontur. Zunächst ist festzuhalten, dass mit dem Vergehen der Ehe als Institution „nicht die *Vernichtung* sondern die *Vervollkommnung* der bisher ‚ehelich bekleideten' Gemeinschaft von Frauen und Männern"[54] angekündigt wird. Jesu Antwort in Mk 12 zielt also keineswegs darauf, dass die eheliche Liebe zwischen zwei Menschen im Reich Gottes irrelevant sein wird. Zugleich hat diese eschatologische Perspektive aber auch Auswirkungen auf das Hier und Jetzt des ehelichen Lebens. Indem Jesus die Lebensgemeinschaft derer, die den Willen Gottes, des Vaters, tun zur neuen Gottesfamilie erklärt (Mt 12,46-50; Mk 3,31-35; Lk 8,19-21), wird die leibliche Familie als Ort der Verwirklichung von Mitmenschlichkeit relativiert. Zum einen hält Jesus weiter an der Ehe als Lebensform, die dem Willen Gottes entspricht, fest (Mt 19,6) und tritt für ihren Schutz ein (Mt 5,28ff). Zugleich erhebt er aber Widerspruch gegen die Vorstellung von der Ehe als einer für alle obligatorisch verpflichtenden Institution[55], indem er selbst ehelos lebt und die Ehelosigkeit auch für andere „um des Himmelreiches willen" als Lebensmöglichkeit öffnet (Mt 19,12). So wird die Frage nach Ehe oder Ehelosigkeit zu einer Frage der Berufung. „Vielleicht liegt so manches Leid, das Menschen in ihrer Ehe oder in ihrem Alleinsein erleben, auch in der Verkennung der Tatsache begründet, daß beide Lebensformen und damit ihre persönliche Situation nicht einfach ‚Schicksal' sein müssen, das sich so oder so eben einstellt, sondern eben zunächst eine Frage beinhaltet,

---

[53] „Wenn sie von den Toten auferstehen werden, so werden sie weder heiraten noch sich heiraten lassen, sondern sie sind wie die Engel im Himmel." Mk 12,25; vgl. 1.Kor 7,29-35

[54] B.Wannenwetsch, a.a.O., S.228

[55] „Hier unterscheidet sich Jesus deutlich vom rabbinischen Judentum, wo die Ehe eine religiös-sittliche Pflicht ist". W.Schrage, Ethik des Neuen Testaments, 1989, S.99

der es sich zu stellen ... gilt."[56] Insofern eröffnet der Anbruch des Gottesreiches und die Berufung der Menschen in das neue Leben aus Gott und in seiner Gemeinde eine ganz neue Freiheit zur Ehe aber auch zu einem erfüllten Leben in der Ehelosigkeit. Die Ehe wird vergehen, was bleibt ist die Liebe.

---

[56] B.Wannenwetsch, a.a.O., S.236

Erotik und Sexualität in der Ehe

von Matthias Hipler

> *Als sie einander acht Jahre kannten,*
> *und man kann sagen, sie kannten sich gut,*
> *kam ihre Liebe plötzlich abhanden*
> *wie anderen Leuten ein Stock oder Hut.*
>
> *Sie gingen ins kleinste Cafe am Ort*
> *Und rührten in ihren Tassen*
> *Am Abend saßen sie immer noch dort.*
> *Sie saßen allein und sie sprachen kein Wort*
> *Und konnten es einfach nicht fassen."*
>
> *Erich Kästner*

Pastoren, Seelsorger und Gemeinden stehen vor der großen Herausforderung, zufriedene Ehen zu stärken und angeschlagenen Paaren angemessen zu helfen. Frauen suchen einen Eheseelsorger oder eine Beratungsstelle auf, weil sie die partnerschaftliche Kommunikation als mangelhaft empfinden. Für Männer geben in erster Linie sexuelle Defizite den Ausschlag zur Paartherapie.

Sie fühlt sich frustriert, weil er nicht über Beziehungsfragen sprechen will.
Er fühlt sich wie ein kastrierter Kater, weil sie keine Lust auf Sex hat.

Ich möchte wesentliche Zusammenhänge von Liebe, Erotik und Sexualität in der Ehe aufzeigen, zur Eheseelsorge herausfordern und motivieren zur Arbeit an der eigenen Ehe.

Erotik und Sexualität führen kein isoliertes Dasein in der Partnerschaft. Eheliche Sexualität meint ein Beziehungsgeschehen. Die Qualität unserer Partnerschaft entscheidet über den Grad sexuelle Zufriedenheit.
Umkehrt gilt: Sexuelle Schwierigkeiten drücken zu über 90 % Beziehungsprobleme aus. Dabei bildet Sexualität einen wesentlichen und unverzichtbaren Pfeiler der Ehe.
Erotik und Sexualität gehören nach biblischem Verständnis in die exclusive Zweierbeziehung. Nieman darf in die Ehe einbrechen. Keiner der Partner darf aus der Beziehung ausbrechen. Sie bildet den geschützten Rahmen, in dem sich erotische Liebe und sexuelle Aktivitäten ungehindert entfalten.

Erotik bezeichnet die sinnliche, geistig-seelische Qualität der Liebe. Sie gleicht einer zarten Melodie, die Liebende hören können.
Eros ist zutiefst menschlich - im Kaninchenstall gibt's zwar Sex, aber keine Erotik!

Eheliche Sexualität gleicht einem hochempfindlichen Temperaturfühler. Der anzeigt an, wie es um das Eheklima bestellt ist. Konflikte, die in Küche und Wohnzimmer ausgetragen werden, machen vor der Schlafzimmertür nicht halt. Wenn es in der Liebe kracht, bleibt das Liebesleben nicht frei von Erschütterungen.
Was sich in der Zweierbeziehung abspielt - positiv wie negativ - spiegelt sich im Ehebett wieder
Ehe = Liebe + Beziehung + Sexualität

Ich möchte euch an einem Modell zeigen: was kennzeichnet glückliche, stabile Partnerschaften und was ist typisch für unglückliche, unzufriedene Paare? Was müssen wir tun, damit Liebe und Sexualität aufblühen? Wie bringen wir es fertig, die erotische Liebesglut endgültig auszulöschen?

Antworten gibt das Modell ehelicher Stabilität. Es fußt aus umfangreichen Untersuchungen des Paarforschers John Gottmann.

Danach entscheiden drei wesentliche Partnerschaftsbereiche über Eheklima und Ehezufriedenheit.

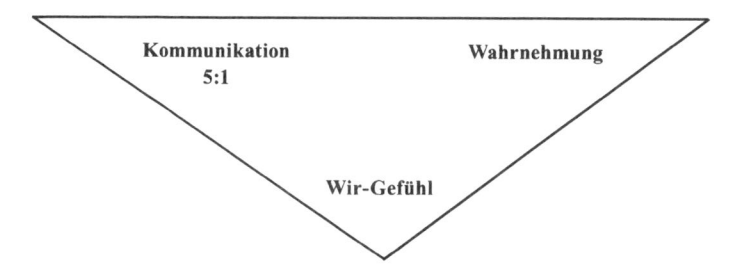

```
         Kommunikation            Wahrnehmung
              5:1

                     Wir-Gefühl
```

1. Kommunikation
Wie kommunizieren wir mit einander in der Ehe?
Wie läuft die Interaktion zwischen Mann und Frau?
Kommunikation geschieht nicht nur am Küchentisch beim Mittagessen, auch beim Liebesspiel in der Kemenate.

2. Wahrnehmung
Wie nehmen wir einander wahr?
Mit welchen Augen sehen wir unsere Beziehung?
Was fühlen und denken wir voneinander?

3. Wir-Gefühl
Wie stark fühlen wir uns miteinander verbunden?
Wie tragen wir Konflikte aus?
Mit welchem Ergebnis?
Wie stark regen wir uns in Konfliktgesprächen auf?
Wie gut schaffen wir es, uns wieder zu beruhigen und zu versöhnen?

Zwischen der Art unserer Kommunikation, der gegenseitigen Wahrnehmung und dem Wir-Gefühl bestehen Wechselwirkungen. Was in einem Bereich klasse läuft, macht den anderen Bereichen Beine.

Kennzeichen stabiler, glücklicher Ehepaare:
Das Verhältnis von positiver zu negativer Kommunikation beträgt 5 : 1.
Sie sprechen viel miteinander, schauen sich dabei an, gehen sparsam mit Kritik, aber verschwenderisch mit Lob und Komplimenten um.

Probleme werden sachlich erörtert. Auf destruktive Konfliktstrategien, wie Vorwürfe, Anschuldigungen, unzulässige Verallgemeinerungen, Schuldzuweisungen wird weitgehend verzichtet. Jeder zeigt sich sehr interessiert an der Meinung des anderen. Positive wie negative Gefühle dürfen ausgesprochen werden. Die Partner haben sich auch körperlich eine Menge Schönes zu sagen. Sexuelle Kommunikation besteht in einem ausgeglichenen, für beide erfüllten Liebesleben. Ihre Kommunikation muß nicht frei von Streitgesprächen und Konflikten sein. Manchmal fliegen auch die Fetzen. In einer guten Ehe darf richtig gestritten werden. Es ist eine Lüge zu glauben, eine Ehe sei nur dann stabil, wenn es keinen Knatsch gibt. Aber entscheidend ist, das es beiden gelingt, sich in Auseinandersetzungen wieder zu beruhigen - das Wir-Gefühl also gepflegt wird. Liebevolle Ehen zeichnen sich nicht durch die Abwesenheit von Konflikten, sondern die Anwesenheit eines versöhnlichen Geistes aus. „Ich kann dich gut riechen, auch wenn ich dich im Moment nicht ausstehen kann." Beide können sich ebenso heiß und innig streiten, wie anschließend leidenschaftlich in den Armen liegen. Sex ist dabei kein fauler Konfliktlöser. Wenn gestritten wird, ohne das die Liebe auf der Strecke bleibt, kann fröhlich Versöhnung im Bett gefeiert werden.

Weil die positive Kommunikation deutlich überwiegt, reißt das Bewußtsein, „ein-fleisch-zu-sein" so schnell nichts auseinander. Die Paarbeziehung genießt Priorität vor Eltern und Schwiegereltern, vor Kindern und sogar der Gemeindearbeit: „Wir zwei sind Freunde gegen den Rest der Welt."

Wie nehmen zufriedene Partner einander wahr? Als bereichernde Ergänzung trotz aller Unterschiedlichkeiten. Stärken werden betont, ohne die Schwächen zu übersehen. Erwärmende Kommunikation beflügelt auch die erotische Wahrnehmung.

Wenn das Eheklima umkippt

Die beschriebene eheliche Stabilität kann ins Wanken kommen. Sie gleicht ja einem empfindlichen Ökosystem in der Natur. Wenn ich ein paar Giftfässer in einem malerischen See verklappe, kippt die Idylle um. Alles Leben erstirbt. Der See geht den Bach runter.

Und genau das passiert auf tragische Weise in vielen Ehen. Nehmen wir die Kommunikation: Verändert sich das Verhältnis von positiv zu negativ auf 2,5 zu 2,5, droht die Krise und steigt die Scheidungswahrscheinlichkeit.
Kritik, Verachtung, innere Abwehr und Feindschaft bringen Unheil. Kritik äußert sich in ständigen Vorwürfen, Unterstellungen und aggressiven Gefühlen. Es wird genörgelt, gemeckert und angeklagt. Auch im sexuellen Bereich: „Du solltest leidenschaftlicher sein!" ,"Warum muß ich immer die Initiative ergreifen?";"Gib dir mir Mühe beim Vorspiel!"

Gezeigte Verachtung entwertet. Der eine macht den andern nieder. „Du warst auch schon mal schlanker!" „Immer muß ich mich um die Kinder kümmern" „Du willst immer nur Sex!" „Du hast sowieso nie Lust!"

Woran erkennt man, das der Ehemann seinen sexuellen Höhepunkt hatte? Er schnarcht. Da ist nichts mehr mit Rücken streicheln. Die erotische Interaktion besitzt den Charme einer Steuererklärung.

Jeder kritische Bemerkung wird persönlich genommen und mit einem Gegenangriff erwidert. „Wenn du nicht mit mir schlafen willst, kriegst du auch keine Komplimente."

Sie halten sich den ungeliebten Partner vom Leib durch Rechtfertigungen, versteinertes Schweigen, zeigen ihm die kalte Schulter und benutzen Vorwände, um nicht mit einander schlafen zu müssen. „Schatz, findest du nicht, dass das erotische Begehren in unserer Ehe zu kurz kommt?" „Ach, können wir das bei der nächsten Werbeunterbrechung diskutieren?!"

Schließlich entsteht eine äußerst feindselige Haltung. Die Wand aus verletzten Gefühlen und Kränkungen wächst weiter und trennt immer stärker. Schließlich verletzt der Verletzte und kränkt der Gekrankte, ohne Rücksicht auf die Beziehung.

Die Kommunikation hat sich ins Gegenteil verkehrt von 5 : 1 auf 1 : 5 Das verbindende Wirgefühl weicht einer zunehmenden Polarisierung - einer steht gegen den andern.

Vielleicht schlafen sie noch in einem Zimmer, aber nicht mehr zusammen. Indem ihre Liebe zu Eis gefriert, bleiben auch die Körper kalt. Die Beziehung kippt endgültig um.

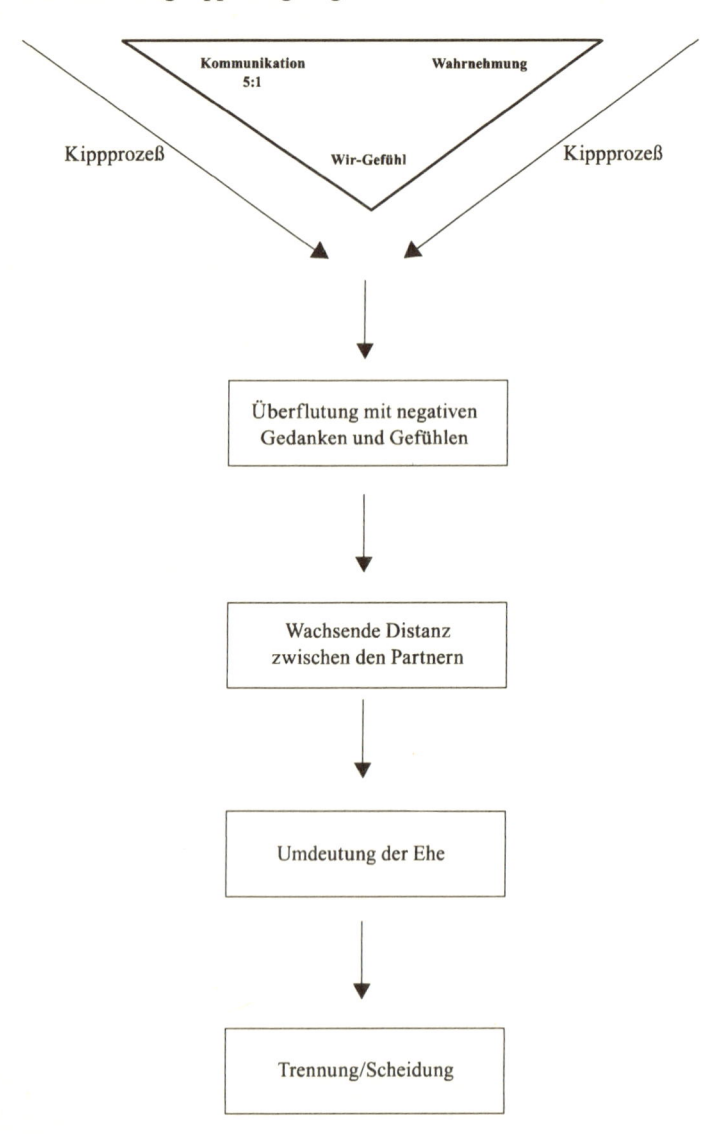

```
         Kommunikation      Wahrnehmung
            5:1
Kippprozeß      Wir-Gefühl        Kippprozeß
```

- Überflutung mit negativen Gedanken und Gefühlen
- Wachsende Distanz zwischen den Partnern
- Umdeutung der Ehe
- Trennung/Scheidung

Die beiden werden von negativen Gedanken und Gefühlen regelrecht überflutet. Was wie der Himmel auf Erden begann mutiert zur alltäglichen Ehehölle. Selbst positive Verhaltensweisen werden negativ gedeutet: „Du bringst mir doch nur Blumen mit, weil du was von mir willst!" Körperliche Annäherungsversuche werden ärgerlich zurückgewiesen. Die negative Wahrnehmung festigt sich.

Es kommt zur Distanzierung. Jeder lebt für sich. Die Ehe wird zum Zweckbündnis. Man bleibt wegen der Kinder, dem Haus oder der Leute in der Gemeinde zusammen. Fachleute schätzen, dass bei 4 von 5 Paaren, die zusammenleben, sich die Liebe schon lange davon geschlichen hat. Auch die sexuelle Distanz wächst. Selbstbefriedigung als Ersatzbefriedigung oder außereheliche Affären treten an die Stelle ehelicher Sexualgemeinschaft. Vorher haben sie noch negativ kommuniziert, jetzt gibt es keine Kommunikation mehr.

Sie haben sich nichts mehr zu sagen, weder verbal noch körperlich. Impotenz und Frigidität können benutzt werden, um dem andern zu zeigen: „Du läßt mich total kalt!" Vielleicht kommen sie ihrer „ehelichen Pflicht" noch nach. Aber besonders bei Frauen verstärkt sich mit der Zeit die innere Abwehr gegen den Sex mit dem distanzierten Ehepartner. Ekel und Widerwillen gegen jede sexuelle Annäherung wachsen.
Das führt schließlich zur Umdeutung der Ehe. „Mein größter Fehler, dich geheiratet zu haben." „Du wirst dich nie ändern!" Einer fühlt sich als Opfer der Sünden des andern. Ehe wird nicht mehr als Geschenk sondern Märtyrium empfunden. Trennung erscheint als letzter verzweifelter Ausweg.

Die Hürde, einen Scheidungsanwalt aufzusuchen, kann unterschiedlich hoch sein; ob es Kinder gibt, ein Treuebruch passiert ist und welche religiöse Einstellung die Eheleute haben. Für vollzeitliche Mitarbeiter in der Gemeinde steht mit der Ehe auch die gesamte berufliche Existenz auf dem Spiel.

Ehepaare kommen häufig in die Ehesselsorge oder -beratung, wenn sie mitten in der Krise stecken. Emotionaler Schmerz und Leidensdruck lassen sie Hilfe suchen.

Auf sehr unterschiedliche Art werden Pastoren, Seelsorger und Gemeinde mit Paaren in der Krise konfrontiert.
Sie können ein Kind vorschicken: „Wir haben Probleme mit unserm Sohn!" Häufig ist das Kind Symptomträger tiefgreifender Beziehungsproblemen der Eltern. Deshalb interessiere ich mich als Seelsorger nicht nur für das Kind, sondern auch die Paarbeziehung seiner Eltern.
Oder es kommt vor, dass einer der Partner seelsorgliche Hilfe in Anspruch nimmt und Ehethemen anschneidet. Der betroffene Partner bleibt außen vor.

Wenn nur ein Teil an sich arbeitet - die Ehe aber krisengeschüttelt ist - mündet das zu 75% in der Scheidung. Deshalb gehört es zu den vorrangigen Aufgaben des Seelsorgers, auch den andern zu motivieren, zur Seelsorge mitzukommen. Ich schätze, das in 80% der Fälle, die Initiative zur Eheseelsorge den Frauen ausgeht - Ehemänner ziehen sich häufig ins Schweigen der Männer zurück. Sie erliegen dem irrigen Glauben, alleine mit Problemen fertig werden zu können und zu müssen.

Oft ist auch ein entdeckter Seitensprung Anlaß, sich Hilfe zu suchen. Das Paar bewegt die Frage, ob ihre Ehe noch eine Chance hat. Verletzungen sitzen tief und haben einen scheinbar unüberwindliche Gräben zwischen Betrüger und Betrogenem aufgeworfen.
Wenn einer bereits die Ehe innerlich abgehackt hat, dann kommen Versöhnungswille und Beziehungsarbeit des andern zu spät.

Es ist hart, mit Paaren in der Krise zu arbeiten. Je negativer ihre Wahrnehmung und je destruktiver ihre Kommunikation, um so herausfordernder das seelsorgerliche Gespräch. Mich schmerzt besonders, dass christliche Paare häufig so lange warten, bis sie den Schritt zur Seelsorge wagen. Sie fürchten als Versager dazustehen, glauben, Christen hätten keine Ehekrisen. Und dann warten sie manchmal zu lange, um Beziehungsprobleme anzupacken.

Welche Form von Krisenintervention ist angebracht bei überfluteten, distanzierten Paaren?
Ich arbeite mit ihnen nicht an vordergründig sexuellen Problemen. Erotik und Sexualität thematisiere ich erst, wenn sie ihre Beziehung stabilisiert hat.

Mein Ziel ist:

1. Daß beide kommen

2. ihre Wahrnehmung herauszufordern. Sie wissen wann und wo sie geheiratet haben, aber nicht mehr warum eigentlich. Ich übe mit ihnen Wertschätzung ein und wecke Hoffnung auf Veränderung. Sie lernen wieder neu, einander zugewandt zu sprechen und sich zu loben.

3. Sie praktizieren unter meiner Anleitung in der Eheberatung ein Modell, wie sie angemessen Probleme und Konflikte besprechen und lösen können. „So gut haben wir seit langer Zeit nicht mehr geredet miteinander." Als Seelsorger muß ich in solchen Paargesprächen wie ein guter Polizist darauf achten, dass sie bestimmte Regeln einhalten. Vorwürfe und Anklagen lasse ich nicht zu. Jeder darf ausreden, jeder hört aufmerksam zu.

4. Sie erarbeiten mit meiner Unterstützung eine tragfähige Perspektive
5. Ich ermutige zu Buße als Sinnesänderung und Beziehungsarbeit - ohne moralischen Zeigefinger: z.B. die Chance zur Vergebung auf zeigen: Wer dem anderen Vorwürfe und Schuld nachträgt, hat die Hände nicht frei, ihn zu umarmen.
Besonders die Intervention bei Treuebruch verlangt vom Seelsorger ein hohes Maß an Weisheit und Klarheit.

Ich bin nicht der Meinung, das jeder Pastor oder engagierte Mitarbeiter eine therapeutische Ausbildung braucht, um ein guter Seelsorger zu sein. Liebe zu Jesus und den Menschen, gepaart mit Lebens- und Glaubenserfahrung, dazu eine Portion Bibelkenntnis und geduldige Barmherzigkeit qualifizieren zur Seelsorge.

Seelsorge an krisengeschüttelten Paaren fordert jeden Seelsorger heraus. Deshalb brauchen wir für diese Arbeit eine Grundausstattung an Kenntnissen und Fertigkeiten, sonst bleiben wir hilflose Helfer. So habe ich mich besonders in den ersten Dienstjahren gefühlt, als ich mit massiven Eheproblemen in der Gemeindearbeit konfrontiert wurde. Ich bin nicht für die Ehe anderer verantwortlich. Aber meine Verantwortung ist es, angemessen und kompetent mit Paaren zu sprechen.

Dabei können durchlittene Krisen in der eigenen Ehe zum Kapital für den Dienst an anderen werden. Das perfekte Pastorenehepaar gibt es nicht - es würde auch sehr demotivierend auf Hilfesuchende wirken. Jedes Ehepaar, das den Mut aufbringt, sich mit seinen Problemen und anzuvertrauen, verdient meine besondere Wertschätzung.

Krisenintervention ist harte Arbeit. Prävention dagegen ist vor allem eine besonders lohnende Arbeit. Und da liegt eine echte Herausforderung für die Gemeinde Jesu. Schließlich ist unser Herr, Schöpfer der Ehe und Erfinder von Erotik und Sexualität. Wer kann denn besser sagen, wie Lust und Liebe gedeihen, als wir? Wir dürfen unsere Kraft nicht nur darauf verwenden aus der Negation zu argumentieren, was alles unbiblisch und verboten ist. Laßt uns genauso viel Energie investieren, um zu verkündigen, wie Ehe gelingen und Sexualität sich befriedigend entfalten können im Schutzraum Ehe

Aspekte für Pastoren und verantwortliche Mitarbeiter/innen in der Gemeinde

Wir haben ja mit den gleichen Problemen zu kämpfen, wie alle anderen Ehen auch. Wir erleben gleiche Freuden und gleichen Frust. Beziehungstrouble und erotische Durststrecken machen auch vor uns nicht halt. Keiner muß mit dem Gefühl leben, alle Ehen von Glaubensgeschwistern seinen besser. Wir können und dürfen in Krisen geraten - wenn sie ausbleiben ist es ein großes Geschenk - entscheidend ist, wie wir mit ihnen umgehen.

Spätestens, wenn unsere Ehe umzukippen droht, brauchen wir Hilfe. Alleine kommen wir nicht mehr weiter. Hilfe zu suchen ist ein Zeichen dafür, dass wir den Glauben an unsere Ehe nicht aufgegeben haben.

7 Anregungen, wie wir Krisen vorbeugen und unsere Ehe stabilisieren können

1. Wir vermeiden Leistungsdruck
Als Pastoren und Mitarbeiter sind wir hoch motiviert und wollen unsere Arbeit möglichst gut machen. Ehrgeiz für Gottes Sache gehört dazu. In der Sexualität ist Leistungsdenken aber contraproduktiv. Nicht dürfen weder uns noch den Partner unter Druck setzten. Druck tötet die Lust. „Schatz, heute abend habe ich keinen Dienst, drehe dann doch schon mal die Heizung im Schlafzimmer an!" Kein Wunder, wenn bei unserer Ehefrau dann die Rolläden innerlich zuschnappen. Beziehung geht vor Leistung - erst recht im Bett. Wir brauchen Mut zur Durchschnittlichkeit. Perfekten Ehemänner und vollkommene Ehefrauen zu sein, gehören ins Reich der Fiktionen.

Wir können als Eheleute aber ein anschauliches Modell vorleben, wie man sich streiten und vertragen, wie man zärtlich umarmen und Konflikte konstruktiv anpacken kann.

2. Wir hören aktiv zu
Gott hat uns zwei Ohren gegeben - eins für die Gemeinde und das andere für unsere Frau. Frauen wollen immer nur das Eine: reden und gehört werden!
Reden wir also über Lust und Frust - noch besser: hören wir hin, was unsere Frauen bewegt. Das partnerschaftliche Gespräch wirkt wie ein wundervolles Aphrodisiakum.

3. Wir pflegen unsere Freundschaft
Unsere Frau ist unsere beste Freundin. Und sie braucht uns als Freund. Gerade wenn die Kinder klein und die Dienstanforderungen groß sind, bleibt die Paarbeziehung schnell auf der Strecke. Wir dürfen unsere intime Freundschaft den vielen unterschiedlichen Herausforderungen, denen wir uns stellen, nicht opfern. Qualität geht vor Quantität. Paulus schreibt, dass es nur einen legitimen Grund gibt, sich in der Ehe zeitweise sexuell zu enthalten - um zu beten. Das gemeinsame Gebet fördert intime Zweisamkeit stärker als Sex. Die Dienstordnung für

Pastoren sollte ein obligatorisches Honey-Moon-Wochenende für das Pastorenpaar zweimal jährlich enthalten. Gemeindeglieder aus unserer Gemeindearbeit in Emmelshausen haben uns damit beschenkt: Tolles Hotel, Hochzeitssuite - Candlelight-Dinner. Sorgt die Gemeinde gut für ihr Pastorenehepaar, profitiert sie auch davon, wenn es glücklich und zufrieden Gemeindeaufgaben wahrnimmt.

4. *Wir verhalten uns loyal*

Die Bedürfnisse einer Gemeinde können unersättlich sein - aber laßt uns bedenken: die Gemeinde können wir als Pastoren notfalls wechseln, unsere Frau nicht. Wir brauchen klare Grenzen, damit unsere Partnerschaft nicht auf der Strecke bleibt. Loyalität beinhaltet Einsatzbereitschaft für die Ehe. Beispielsweise die Art, wie wir Versprechen einhalten: „Wenn die Zeltmission vorbei ist, nehme ich mir wieder mehr Zeit für dich und die Kinder!" Inzwischen ist schon die 5. Zeltmission durchgeführt, und die Familie wartet immer noch.

Wenn wir unsere Frauen für erotische Freuden erwärmen wollen, geht das über praktische Kooperation im Haushalt. Mit ist keine Bibelstelle bekannt, die Ehemännern Wäsche waschen oder putzen verbietet.

Er: „Ich möchte nächstes Jahr mal dahin in Urlaub fahren, wo ich noch nie war!" Darauf sie: „Wie wäre es z.B. mit der Küche?"

5. *Wir entschärfen Erotik-Killer*

Die Liste der erotischen Stimmungsräuber ist lang. Er kommt vom Ältestenkreis nach Hause und will nur noch das Eine: Fußball im Fernsehen. Aber nicht nur Mario Basler hat schöne Beine. Also, den Fernseher aus, den Anrufbeantworter an und „habe Lust an der Frau deiner Jugend". Aber Achtung: die Ehefrau ist kein Fernseher, der auf Knopfdruck anspringt. Ungestörte Zeit zu zweit - darum geht es. Erotik-Killer: Schuldgefühle. „Er war so prüde, dass er sich strikt weigerte mit seiner Frau zu schlafen, schließlich war die ja verheiratet."
Wir Theologen verfügen ja über die Fähigkeit, alles theologisch zu verbrämen. Sexualfeindliche Überzeugungen oder Angst vor Nähe und Intimität können auch mit frommen Argumenten maskiert werden. „Nein Schatz, heute nicht, ich hab die Predigt noch nicht fertig!" Wenn

falsche Schuldgefühle, Hemmungen oder auch traumatische voreheliche Erfahrungen die Lust an der Liebe bremsen ist der Betroffene herausgefordert, aus Liebe zum Partner seine Probleme seelsorglich anzugehen.

6. Wir rechnen mit unseren Versuchlichkeiten
Ich muß wissen, wo ich versuchlich bin : Geld, Macht oder Sex? Wenn ich meine Schwachstellen kenne, kann ich vorbeugen. Eine gesunde Distanz zum anderen Geschlecht ist wichtig. Dafür sind wir verantwortlich, nicht die anderen in der Gemeinde. Darüber können wir mit unserem Partner sprechen oder mit einem seelsorglichen Freund - und die Versuchung verliert ihre unheilvolle Macht.

Männer gehen fremd, weil sie sexuelle Abwechslung und mehr Aktivität suchen, Frauen werden anfällig für eine Affäre, wenn sie sich in ihren emotionalen Bedürfnissen vernachlässigt fühlen. Besser die Liebe abwechslungsreich gestalten, als nach Abwechslung außerhalb suchen. Befriedigende Sexualität und zärtliche Nähe in der Ehe bilden die beste Vorbeugung gegen Ehebruch.

7. Wir drücken unsere Wertschätzung für einander aus
Unser Partner verdient Komplimente und verschwenderische Zuwendung. Anerkennung für Gemeindedienst motiviert uns. Lobende Worte, kleine Alltagskomplimente motivieren den Liebespartner.

8. Wir pflegen „Alltagserotik"
Alltagserotik meint nicht-sexuelle Berührungen: einen Abschiedskuß, die zärtliche Berührung, das wissende Lächeln, Händchenhalten beim Spaziergang. Unsere Kinder sollen etwas davon spüren, wie wir in Liebe und Achtung mit einander verbunden leben und lieben

Manche Pastorenfrau ist unter der Last der Jahre innerlich niedergedrückt worden. Wer so viel gibt, wie eine Pastorenfrau, muß sehr viel an Unterstützung und Wertschätzung bekommen.

Der Apostel Paulus bringt es auf den Punkt, wenn er die Männer auffordert, ihre Frauen so zu lieben, wie Christus die Gemeinde. Und an die Frauen gewandt, ihre Männer zu achten und zu respektieren. (Eph.5). Wo wir uns als Liebhaber und Liebhaberin wertschätzen, beflügelt das unsere Liebesbeziehung und unseren Dienst. Wenn wir einander nicht nur „Ich liebe dich" sagen, sondern uns entsprechend verhalten, dass sich der Partner auch geliebt fühlt, gedeihen sinnliche Erotik und befriedigende Sexualität.

Matthias Hipler, Pastor,
Paar- und Familientherapeut

Verwendete Literatur:

Schindler, Hahlweg, Revenstorf: *Partnerschaftsprobleme: Diagnose und Therapie, Berlin, Heidelberg 1998*
Reinhold Ruthe: *Eins und eins gleich wir, Moers 1999*
Matthias Hipler: *Tausend und eine Nacht - Liebe und Erotik in der Partnerschaft, Moers 1999*

Ehescheidung und Wiederheirat
- unsere ethische und seelsorgerliche Verantwortung

von Willy Weber

Einleitung

1. Es wurde schon viel Gutes zum Thema veröffentlicht

Wenn ich mich lediglich in unserem eigenen Gemeindebund umschaue, finde ich viele gute Beiträge, die hier gar nicht alle zu nennen sind. Nur auf einige will ich verweisen: 1988 hat August Jung anläßlich der damaligen „Theologischen Woche" den viel beachteten und kommentierten Vortrag gehalten: Wiederheirat Geschiedener, veröffentlicht als „GÄRTNER-forum, Nr. 40, Bundes-Verlag Witten.
Zehn Jahre vorher hatte derselbe Verlag bereits das Taschenbuch Gottes Ja und Nein - zur Partnerschaft von Mann und Frau herausgegeben mit gewichtigen Stellungnahmen zu ethischen und praktisch-seelsorglichen Grundfragen (Witten 1978).
Fast im Zehn-Jahrestakt gab die Bundesleitung der Freien evangelischen Gemeinden eine Stellungnahme ab Zur Ehe heute (April 1998). Eine andere Stellungnahme der Bundesleitung vom Februar 1996 macht spätestens klar, welche Fragen uns inzwischen bedrängen: Stellungnahme der Bundesleitung zu Ehescheidung bei Ältesten, Pastoren und anderen leitungsverantwortlichen Mitarbeitern im Bund Freier evangelischer Gemeinden.
Es muß inzwischen viel „Welt-Wasser" in's „Schiff, das sich Gemeinde nennt" geschwappt sein, dass wir heute Themen verhandeln müssen, die noch vor zwanzig Jahren jedenfalls keine öffentlichen waren.Wir Pastoren und die anderen Verantwortungsträger in Bund und Gemeinden reden nicht mehr nur über die anderen. Wir sind selbst betroffen Die Krise der Werte ist beim inneren Kreis der Gemeinde angekommen.
Freilich haben wir viel geredet und geschrieben. Aber die von uns immer neu mühsam aufgeschütteten Deiche wollen anscheinend nicht

halten gegen die Sturmflut eines Zeitgeistes, der total säkularisiert, „weltlich" ist. Man kann sich beinahe daran gewöhnen, so oft bricht es hier in eine Ehe ein und dort aus einer Ehe aus. Die Versuchung beschleicht manchen aufzugeben, sich zu arrangieren, zu resignieren und das, was so normal zu sein scheint, als Norm anzuerkennen. Was können wir noch ausrichten?

2. Wir können uns der ethischen und seelsorglichen Verantwortung nicht entziehen.

Wir haben als Gemeinde und als ihre Lehrer keinen leichten Stand in einer Kultur des wertepluralen Individualismuses. Jeder Mensch ist demnach autonom, soll und darf für sich persönlich entscheiden, was für ihn gilt, was ihm entspricht und nützt. Darum empfinden viele die Verantwortung, die wir als uns aufgetragen glauben, als unschickliche Einmischung in's Privatleben, als Bevormundung oder gar Anmaßung, als einen geistigen „Hausfriedensbruch".

Wir haben uns sollche Verantwortung allerdings nicht gesucht, andernfalls würden wir sie zu gerne vergessen. Sie ist uns aufgetragen vom Herrn der Gemeinde selber. Er gibt uns im Hirtendienst Stehenden Teil an seiner Sorge und Fürsorge für seine Herde.
Ihm also sind wir verantwortlich. Er ist unser Gegenüber. Nicht irgend ein „Zeitgeist", keine Tagesmeinung und Gesellschaftsnorm. Wir sind auch nicht erstlich den Gemeindegliedern verantwortlich sondern ihrem und unserem Herrn. Darin liegt neben der Last auch viel Freiheit. Wir stehen vor ihm und können bestehen, gerade und aufrichtig. Unser Herr - unser Gegenüber. Eine starke Position, in der wie stark gemacht und mitsamt unserer Verantwortung getragen werden.
Dieser Herr stattet uns mit seinem Evangelium und Geist aus, um seiner Gemeinde zu dienen, den Menschen in ihr, die so sind, wie sie sind: Mit dem Heiligen Geist beschenkt und zugleich vom Ungeist unserer Zeit bedrängt. Für sie macht Christus uns verantwortlich, um ihretwillen vertraut er uns sein Evangelium an, um es ihnen deutlich und geduldig zu übersetzten. Sie brauchen es, auch wenn sie es nicht immer gleicherweise hören wollen.
Und sie sollen nichts anderes hören als das Evangelium, das zum Guten, zum Leben und Heil ruft, freundlich und klar, mutig und ein-

deutig, in Zuspruch und Widerspruch. Unsere theologisch-systhematischen Erkenntnisse zur Ethik wie die praktisch-theologischen Hilfen für die Seelsorge wollen und können nur dies sein: Entfaltung des Evangeliums, Übersetzung der gute Botschaft in die jeweilige Lebenssituation. Für dieses Evangelium stehen wir ein, mit ihm locken und provozieren wir in der Hoffnung und mit dem Gebetswunsch, dass die Menschen uns hören können und wollen. Wir können niemanden zwingen und bedrängen, wir haben keine Macht und kein Recht dazu. Die Grenze unserer Unterweisung und Seelsorge ist der Wille des andern. Selbst Jesus fragte die Kranken: „Was willst du von mir?". Wir sind Gottes Bettler, die mit Paulus „an Christi Statt" bitten: „Laßt euch mit Gott versöhnen" (2.Korinther 5,20). Das Evangelium verträgt kein autoritäres Gebaren, wenngleich es höchste Autorität darstellt. Wir sollen die Menschen nicht „herumkriegen", sondern überzeugen, engagiert, entschlossen, hartnäckig - und liebend.

3. Ethik und Seelsorge sind Entfaltungen des einen Evangeliums.

Ethik und Seelsorge lassen sich unterscheiden, aber nicht trennen. Sie lassen sich auch nicht einander gegenüberstellen wie Wahrheit einerseits und Liebe andererseits. Ethik ist nur wahr, wenn sie aus Liebe redet, sonst verkommt sie zu kalter Gesetzlichkeit. Seelsorge hilft nur soviel, wie sie sich an Ethik ausrichtet, sonst verflacht sie zu bloßer Beliebigkeit.
Ethik und Seelsorge verhalten sich - bildlich geredet - wie Bergwanderkarte und Bergwanderung. Es ist recht einfach, mit dem Finger die Markierungen auf der Karte zu verfolgen bis zum Gipfelkreuz. Aber wenn es gilt, die Strecke unter die Sohlen zu nehmen, wird die Tour meist zur Krackselei. Die Wanderzeichen sind nicht immer klar zu erkennen, das Wetter kann umschlagen, Wanderer machen schlapp oder verirren sich, bis sie sich hoffentlich doch noch in's Gipfelbuch eintragen können.
Das meint: Wir brauchen eine klare Ethik, deutliche Weg- und Zielbeschreibungen, damit wir uns nicht verlaufenden oder gar abstürzen. Aber der Seelsorge-Weg zum „Gipfelkreuz" ist oft nicht so schnell gefunden und gegangen, und die Wanderer haben unterschiedliches

Schritt-Tempo. Neben einer klaren Orientierung brauchen wir folglich viel Geduld und den langen Atem zum Unterwegssein.

Als Esau seinen Bruder Jakob nach vielen Jahre wiedersah und aufforderte, ihm und seinem kleinen Privatheer zu folgen, wehrte Jakob mit dem Blick auf seine Kinder und sein Kleinvieh ab: „Wenn sie auch nur einen Tag übertrieben würden, würde mir die ganze Herde sterben" (1.Mose 33,13). So zog er „gemächlich" an seinen Zielort. Zielort und Geduld, beides brauchen auch wir in der Begleitung von Menschen in Ehe- und Lebenskrisen.

4. Vorbeugen ist besser als Heilen.

Wir kommen fast immer zu spät, wenn wir unsere ethische und seelsorgliche Verantwortung erst dann wahrnehmen, wenn Scheidung und Wiederheirat anstehen. Unsere Verantwortung liegt erstlich und vor allen Krisensituationen darin, Ehen und ihr Wachstum zu fördern, „gute Ehen besser zu machen", wie es der amerikanische Pastoralpsychologe Howard J. Clinebell formuliert. (Siehe dazu: Gute Ehen besser machen, Willy Weber, GÄRTNER-forum Nr. 38, Witten 1988). Prävention ist angesagt, vorbeugen. Es gilt, die „positive Treu" zu stärken, die sagt: Wir wollen zusammenbleiben, weil uns unsere Ehe so wichtig, weil sie so erfüllend ist. „Negative Treue" murrt: Wir müssen miteinander aushalten, weil wir uns nicht trennen dürfen.
Es gehört zur ethischen und seelsorglichen Verantwortung einer Gemeindeleitung, Verlobten- und Eheseminare so selbstverständlich anzubieten wie missionarische Gottesdienste. Vorbeugen ist nicht nur besser, sondern auch leichter - und effektiver. Die Pastoren und Ältesten müssen und können solche Seminare, Vorträge oder auch Ehe- und Familienfreizeiten nicht immer selber gestalten. Aber sie sollten möglichst dabei sein, sich nicht entziehen. Sie müssen schon vorangehen, wenn sie erwarten, dass die andern mitkommen. Wir Gemeindeverantwortlichen haben auch noch eine Menge zu lernen. Das dürfen die Gemeindeglieder mitbekommen; sie spüren es ohnehin. Sie wollen wissen - und haben auch ein Recht darauf - zu erfahren, wie wir mit Konflikten, mit Ärger und Enttäuschungen, mit Schuld und Vergebung umgehen. Die überzeugendste Ethik ist immer noch die gelebte, und die wirksamste Seelsorge ist das Beispiel.

Nicht darauf kommt es an, eine ideale, perfekte Ehen vorzuspielen oder vorzutäuschen. Diese Spiele glaubt man uns nicht. Wenn aber die andern spüren, wie auch wir zu
kämpfen haben, aber die Liebesmühe in Kauf nehmen, dann schöpfen sie für sich selber am ehesten Hoffnung und neuen Mut. Die Ermutigung liegt nicht in der Perfektion, sondern darin, dass wir selber unterwegs bleiben, gemeinsam fragen und lernen, gemeinsam
weiter glauben und die immer neuen Anfänge erbitten und wagen. Das lockt zum Nachmachen. Darin liegt unsere erste und vordringliche ethische uns seelsorgliche Verantwortung.

1. Zum Stichwort „Ehescheidung"

1.1. Ethische Überlegungen

Wir sitzen in einem Ältestenkreis beieinander und sprechen über diese Thematik. Einige sagen, sie sprächen schon lange darüber, schöben das Thema oder genauer gesagt eine Entscheidung dazu vor sich her. Es geschehe aus Scheu vor den Reaktionen aus der Gemeinde, weil Familien und Verwandtschaften, Freundeskreise betroffen seien.
Es könne Konflikte und Ärger geben, beziehe die Gemeindeleitung kritisch Stellung zum Verhalten einzelner Gemeindeglieder. Zugleich verdichte sich der Eindruck, die Gemeinde warte auf ein klares Wort, wolle wissen, was die Ältesten denken, suchen Orientierung und Hilfe. Nun solle das gewagt werden.

Eine typische Szene vermutlich. In der Tat gehört es zu unserer ethischen und seelsorglichen Verantwortung, Stellung zu nehmen, Positionen und Wege zu beschreiben und zu begründen. Das schließt ein, uns den Rückfragen aus der Gemeinde zu stellen, uns anfragen und hinterfragen zu lassen und gemeinsam auf Spurensuche zu gehen.
Wir sind nicht das Gewissen der Gemeindeglieder; aber wir können mit dem Evangelium eine geistliche Gewissensbildung fördern. Für unser Thema heißt das auch, mit der Gemeinde an einer evangeliumsgemäßen Sexual- und Eheethik zu arbeiten. Ein Ergebnis lautet:

1.1.1. Die Ehe ist ihrem Wesen nach unscheidbar

Die Ehe ist nicht nur deshalb unscheidbar, weil es in den „Zehn Geboten" heißt: „Du sollst nicht ehebrechen"(2.Mose 20,14). Das Gebot beschreibt Grenzsituationen der Ehe, verbietet, die Ehe zu verletzen und zu gefährden. Es zieht eine Art Zaun um die Ehe wie um einen Garten. Die Ehe braucht diesen Schutz nach innen und diese Abgrenzung nach außen. Gott selber wacht über diesen hoch-sensiblen Schlußakt seiner Schöpfung, der Liebe zwischen Mann und Frau. Und er möchte durchaus nicht, dass irgendwer zerstört, was er dem Menschen aus dem Paradies mitgegeben hat.

Ehe ist nicht nur wegen des Scheidungsverbots unscheidbar, sondern weil sie ihrem von Gott eingestifteten Wesen nach unscheidbar ist. Die Liebe, dieser Zauber der Begegnung zwischen Mann und Frau, ergreift die beiden dermaßen existentiell und total, dass sie nicht mehr von einander loskommen. Sie werden zu einem „Fleisch", sie „kleben" aneinander (1. Mose 2, 24 wörtlich). Die beiden sind unzertrennlich. Wer sich vom andern wieder lösen, oder wer sie auseinanderbringen will, verletzt immer beide. Briefmarken kann man leicht in lauem Wasser vom Umschlag lösen, eine Ehe ist kein Briefmarken-Umschlag- Verhältnis. Wer sie auflösen will, zerstört sie, verwundet und zerreißt Herzen, Menschen.

Darum folgert Jesus in Matthäus 19,6: „Was nun Gott zusammengefügt hat, das soll der Mensch nicht scheiden." Der Mensch hat kein Recht, Gottes geglückte Lebensordnung zu zerstören. Sie ist der Zuständigkeit des Menschen und seiner kritischen Diskussion entzogen. Der Mensch soll und darf die Ehe leben und genießen als Gottesgabe und sie pflegen und kultivieren als Lebensaufgabe zu zweit. Im übrigen verfügt nicht er, sondern Gott über sie. Der aber hat die Ehe als lebenslange Partnerschaft angelegt. Darum ist sie ihrem Wesen nach unscheidbar.
Aus diesem Grund verweigert sich Jesus auch der Scheidungsdiskussion der Pharisäer (Matthäus 19,1-12). Er stimmt weder den Konservativen um den Rabbi Schammai zu, noch dem liberalen Theologen Hillel und seiner Schule. So unterschiedlich deren Positionen in der Tat sind, in dem einen sind sie einig: Beide diskutieren die Möglichkeiten von Scheidung. Für Jesus verhandeln sie jedoch eine unmögliche Möglichkeit, nämlich die Scheidbarkeit der unscheidbaren Ehe.

Auch die mosaische „Scheidebrief"-Klausel (5.Mose 24,1) zieht für Jesus nicht. Sie stehe zwar da, um das größte Elend der verstoßenen Frauen abzufedern, gesteht Jesus zu. Aber eigentlich sei dieses Dokument, mit dem der Mann seine Frau wegschicken könne, keine Scheidungsurkunde, sondern ein Krankenschein für den Mann. Mit ihm attestiere der sich selber die Krankheit, an der so viele Ehen und Beziehungen scheitern, die „Herzenshärtigkeit", „Kardiosklerose". Das harte Herz sei die Krankheit der Liebe. Der Scheidebrief dokumentiere diese Krankheit, aber er löse nicht die Ehe auf. Der Scheidebrief scheide nicht, er sei in keiner Weise ein Lösungsweg. Der Mann, der seine Frau auf diesem Wege entlasse, sei eben nicht frei für eine neue Heirat. Wiederheirat sei Ehebruch gegenüber seiner entlassenen Frau. Und der Mann, der die Entlassene heirate, werde zum Ehebrecher, weil diese Frau nicht frei sei, sondern trotz Scheidebrief zu dem Mann gehöre, der sie entlassen habe. (Matthäus 5,32 und 19.24).

Auf Jesus beruft sich auch Paulus (1.Korinther 7,10f), als ihm in der Korinthischen Gemeinde die Vorstellung begegnet, Sexualität beeinträchtige ein heilig-reines Glaubensleben. Kein noch so scheinbar geistliches Motiv kann das Gebot des Herrn außer Kraft setzen. Ehe bleibt unscheidbar. Falls sich Paare dennoch getrennt haben, sollen sie
nach dem Willen des Apostels alleine bleiben, oder sich mit ihren Partnern wieder aussöhnen. Scheidung ist dem Evangelium fremd, sie ist Sünde.

So hält das Evangelium ein leidenschaftliches Plädoyer, eine engagierte Befürwortung für die Ehe als alternativlose Lebensform intimer Beziehung zwischen Mann und Frau. Im Streitgespräch mit den Pharisäern versucht Jesus diesen Männern den Kopf in guter Weise zu verdrehen: Weg von den Scheidungsthemen, weg von irgendwelchen Schlupflöchern im Schutzzaun des Ehegartens, als sei der ein Gefängnis. Hin zur Mitte, zu Blumen und Gemüse, zu Duft und Frucht des Stücks Paradies, das Gott uns als Erinnerung mitgegeben hat.
Das pflegt und kultiviert, dahinein investiert, diese Paradieserinnerung fördert und bewahrt zu eurem eigenen Glück!

Es entspricht also diesem von Gott eingestiftetem Wesen der Ehe, dass sie nicht zu scheiden ist. Dazu muß man meines Erachtens nicht die katholische Sakramentsdeutung der Ehe bemühen, die sich auf Epheser 5,32 stützt: „Dies Geheimnis ist groß; ich deute es aber auf Christus und die Gemeinde." Ein solches „Geheimnis", ein „Mysterion" (so im griechischen Text), bzw. ein solches „sacramentum" (so die lateinische Übersetzung) ist „ein Zeichen einer heiligen Sache, insofern sie den Menschen heiligt" zitiert Thielicke aus einer Schrift des Thomas von Aquin (H.Thielicke, Theolog. Ethik, 3.Bd , 3.Teil, Tübingen 1968, S.615) Weil die Ehe ein solches „Sakrament" ist, so die katholische Theologie, gilt sie als unscheidbar.

Dem Sakramentsverständnis hat Martin Luther widersprochen. Ehe „heilige" nicht, gehöre nicht zur Heils-, sondern zur Schöpfungsordnung. Wohl aber beschreibt Paulus die Ehe in Epheser 5 als gleichnisfähig und transparent für die Beziehung zwischen Christus und seiner Gemeinde. In der Ehe soll und darf sich etwas von der aufopfernde Christusliebe und der liebenden Hingabe der Gemeinde spiegeln. Damit schenkt Paulus der Ehe eine hohe Würde und sieht sie unter die große Verheißung gestellt: In ihr wirkt die Liebe und Treue des Christus, von ihm lebt die Liebe und Treue der Ehepaare, die darum nie enden muß und nie beendet werden soll.

Karl Barth sieht in der Bundestreue Gottes zu seinem Volk „Geschenk und Evangelium" für die Ehe, die „Einladung, Erlaubnis und Freiheit in dieser menschlichen Gemeinschaftsform die Gemeinschaft Gottes mit dem Menschen, das heißt aber den Bund seiner freien erwählenden Gnade darzustellen und abzubilden, in der Wahl der Liebe sein freies, gnädiges Erwählen, im Bund der Ehe die Treue seines Bundes, auf dass es wahr werde: ‚Gott schuf den Menschen zu seinem Bilde, nach dem Bilde Gottes schuf er ihn; als Mann und Frau schuf er sie' (Gen,1,27)'" (K.Barth, Die Kirchliche Dogmatik, Band III, Teil 4, Studienausgabe 1993, Zürich, S.221).

So tritt die „Erlösungsordnung" der „Schöpfungsordnung" gnädig zur Seite, trägt und durchdringt sie, macht möglich, was das „gefallene" Geschöpf von sich aus nicht kann: Lebenslange Treue in der Liebe zu leben. Es ist Jesus selber gewesen, der mit dem Rückverweis auf die „Schöpfungsordnung" die Ehe als unauflöslich bezeichnet und sie zu ihrem ursprünglichen Wesen zurückgeführt hat. Das war neu für die jüdische und außerjüdische Kultur. Es war und ist spezifisch christlich. Ein hoher Anspruch? Gewiß. Wenn Ehen gelingen sollen, brauchen wir den Segen und Geist dessen, der uns die Ehe neu geschenkt hat. Er ermächtigt uns, sie als Geschenk zu leben und zu bewahren.

1.1.2. Der „Lohn der Sünde" ist auch der Tod der Ehe.

Aus der Sicht des Evangeliums läßt sich die Frage nach Ehescheidung nicht in Pro und Contra mit unterschiedlichen Antworten diskutieren. Wo das Neue Testament über Ehescheidung spricht, redet es von Schuld und beklagt die Macht der Sünde. Die zeigt sich als Tod, auch als Tod der Beziehungen und der Ehe. Dass diese Sünde als böse Verführungsmacht zumindest nach dem Mann greift, spricht Jesus in der Bergpredigt aus: „Wer eine Frau ansieht, um sie zu begehren, hat schon in seinem Herzen mit ihr die Ehe gebrochen"(Matthäus 5,28). Nicht im „Ansehen", im Schönfinden und Bewundern liegt die Sünde, sondern im Habenwollen, im „Begehren". Mit dieser Gefährdung muß jeder Mann und wohl auch jede Frau und jede Ehe leben.

Allerdings zerstört der sündige Blick - in barmherziger Inkonsequenz Jesu - nicht schon die Ehe. Wohl aber ruft Jesus zu konsequenter Verantwortung auch für unsere Phantasien. Denn wir sind der Sünde nicht willenlos ausgeliefert. Zwar „lauert sie vor der Tür", wie damals bei Kain, „und nach dir hat sie Verlangen; du aber herrsche über sie. (1.Mose 4,7). Wo das allerdings nicht geschieht, wo der Mensch sich der Sünde öffnet, sie zur Türe hineinläßt, wird sie ihren tödlichen Einfluß nehmen. Sie fordert als „Lohn" häufig den Tod, auch den der Ehe. Eine Ehe, die ihrem Wesen nach unscheidbar ist, kann aber durch die Sünde des Menschen zerstört, zerbrochen werden.

Eine solche ehetötende Sünde ereignet sich für Jesus in der damaligen jüdischen Kultur im „Ehebruch" seitens der Frau (Matthäus 19,9). Der Geschlechtsverkehr mit einem anderen Mann zerbricht ihre Ehe. Es ist allerdings strittig, ob „Ehebruch" nur solchen außerehelichen Kontakt beschreibt. Der im Griechischen verwendete Begriff „porncia" meint auch Abartiges, Perverses, und für den so gedeuteten Ehebruch wird eigentlich ein anderes Wort gebraucht. In jedem Fall urteilt Jesus: Diese Sünde ist auch der Tod der Ehe, sie ist unheilbar zerbrochen.

Wo das geschieht, mag der betrogene Mann seiner Frau den Scheidebrief aushändigen. Der muß allerdings nicht mehr scheiden, was schon zerstört ist, sondern dokumentiert das Zerstörte. Der Scheidebrief wird zur Todesanzeige der Ehe. Zugleich schützt er die Frau davor, ins asoziale Millieu abzugleiten und gar zur Prostituierten zu werden. Der Scheidebrief ermöglichte ihr eine neue, legale Heirat und mit ihr wirtschaftliche und soziale Sicherheit. Er war von Gott gebilligt als Notverordnung gegen die „Herzenshärtigkeit" des Mannes und als Schutzbrief für die Frau gegen die Gefahr ihrer Verelendung. Auch der Schuldige soll niemals preisgegeben werden.

Übrigens würden wir heute nicht ohne weiteres dem so verstandenen Wortlaut Jesu folgen und eine Ehe für irreparabel zerbrochen ansehen, wenn ein Partner mit einem Dritten Sexualkontakt hatte. Wir würden zu Einsicht und Umkehr, zu Sündenerkenntnis und Sündenbekenntnis, zu Vergebung und Versöhnung mahnen und ermutigen. Wir würden hoffen und beten, wenn möglich mit den Betroffenen, Gott möge beiden einen neuen Anfang und eine durch die Krise vertiefte Beziehung schenken. Wir halten uns damit zwar nicht buchstäblich an die Entscheidung Jesu, glauben aber, gerade so seinem Geist und Willen zu entsprechen.

Damit befinden wir uns mitten in unserer ethischen und seelsorglichen Verantwortung und manchmal auch in einem theologischen Abenteuer. Es besteht darin, die Worte Jesu, die Heilige Schrift überhaupt zu belauschen und betend zu fragen, wie die Worte von damals in unsere Gegenwart zu übersetzt sind. Wie derselbe Wille und der Geist des Herrn, der sich damals so ausgesprochen hat, für unsere Zeit vielleicht andere Worte finden will und muß, damit das Wort Gottes von damals Gottes Wort für heute bleibe und werde. In den Worten für heute soll ja nichts anders Gestalt gewinnen, als der Wille und Geist des Herrn, der damals wie heute zu uns reden will.

Für Paulus wurde es durch die erwähnte Thematik in der Korinthischen Gemeinde (1. Korinther 7, 10-16) nötig, eine solche theologische Entscheidung zu treffen. Bei der Frage, ob eine Scheidung erlaubt sei, um möglicherweise heiliger leben zu können, gab es keine Unsicherheit. Paulus konnte sich auf das Wort Jesu berufen und eine Scheidung untersagen.

Für die folgende Situation konnte er nicht auf ein Jesuswort zurückgreifen: Es kamen nicht nur Ehepaare, sondern auch einzelne Partner zum Glauben. Was aber, wenn der nicht-glaubende Teil den Glauben des andern ablehnte? Was, wenn es zur Alternative käme: Entweder du gibst Deinen Glauben auf, oder ich gebe unsere Ehe auf!? Müßte der Christ gegen den Willen des Nicht-Christen auf den Fortbestand der Ehe dringen, wenn das denn überhaupt möglich wäre?

Paulus gesteht, dafür kein direktes Wort des Herrn zu haben. Er muß aber raten und helfen. Er tut das mit der bescheidenen Einleitung: „Das sage ich, nicht der Herr." Damit sagt er nicht: Was ich jetzt sage, ich unwichtig und in's Belieben gestellt. Es heißt vielmehr: Hier versuche ich den Willen meines Herrn aus seinen Worten und seinem Geist herauszuhören und für diese konkrete Lebenslage zu formulieren. Er tut das als Apostel, dessen Wort geistliches Gewicht und Überzeugungskraft hat, auch wenn er seine Meinung nicht mit einem Bibelvers belegen kann.

Wir erleben Paulus hier bei der hochverantwortlichen Arbeit des Theologen. Er gibt uns damit ein Beispiel, das paradigmatischen Charakter, Modellcharakter auch für unsere theologische Arbeit hat.

Im Ehekonflikt korinthischer Gemeindeglieder entscheidet Paulus: Wenn der Christ in der Ehe vor die Alternative gestellt wird, entweder seinen Glauben oder seine Ehe aufzugeben, dann muß der Glaube Priorität haben. Dann zerstört der Nicht-Christ die Ehe zwar nicht durch Ehebruch, aber durch Unduldsamkeit. Das aber kann der Christ nicht immer verhindern. Die Sünde des Unglaubens kann zum Tod solcher Ehe führen. Paulus warnt den Glaubenden vor der Illusion, den Partner unbedingt bekehren und so die Ehe retten zu können. Ist das einmal gegebenen Treueversprechen aber nicht in jedem Fall bindend? Paulus argumentiert: Wenn der ungläubige Teil diese Bindung auflöst, kann der gläubige sie nicht erzwingen. Dann ist er nicht mehr an das gegebene Ja-Wort gebunden. „Zum Frieden hat euch Gott berufen"(Vers 15), nicht zu einem Martyrium, das Gott nicht verlangt. Dieses in der katholischen Theologie genannte „privilegium Paulinum" ist allerdings nicht Vor- oder Sonderrecht, sondern nur eine Notlösung angesichts eines weiteren Falls von Ehetod.

Wir leben weder im Judentum noch in der griechischen Kultur des Hellenismus, sondern im nachchristlichen West-Europa, in einer Erlebnisgesellschaft. Wir können nicht mehr zurückgreifen auf selbstverständliche Traditionen und allgemein gültige Moralvorstellungen. Die Ehe hat bei den meisten keinen guten Ruf, wird als liebesfeindlich verdächtigt, und Treue ist zum Fremdwort geworden. Immer weniger haben eine heile Familie, ein verläßliches Nest erlebt, immer weniger trauen sich eine verbindliche, lebenslange Beziehung zu. Der Zeitgeist propagiert Glück, nicht Treue. Wer beides miteinander zu verbinden sucht, wird zum Außenseiter, wirkt unnormal. Es ist zu würdigen, wenn Paare überhaupt noch heiraten. Sie leben gegen den Trend. Der Ehe wird es schwer, der Scheidung relativ leicht gemacht. Noch leichter scheint das Zusammenleben ohne Trauschein.

In dieser Kultur sind Paare, die an Scheidung denken, nicht nur Täter. Sie sind auch Opfer. Opfer des Zeitgeistes, des Ungeistes eines überzogenen Individualismuses, einer Glücksphilosophie mit dem Anspruch, der andere sei für meine Beglückung zuständig. Viele sind Opfer unglücklicher Elternbeziehungen mit viel Trauscheinen und wenig Ehe. Auch hinter den Türen vieler Christen-Schlafzimmer hausen Langeweile und Hass. Manche sind Opfer verbiegender Erziehung, und zu viele sind Opfer seelischen und sexuellen Mißbrauchs. Viele junge Menschen fliehen liebeshungrig aus ihren Familiennestern, die keine waren, und stürzen sich unreif in Beziehungen, die zu Fallen werden. Das Scheitern scheint oft vorprogrammiert zu sein.

Es hat die heile Welt zwar nie gegeben, und es gab damals und es gibt heute trotz allem auch viele glückliche Ehen und gesunde Familien. Aber die Menschen sind heute ehrlicher geworden und wohl auch weniger bereit, Unglück und Unrecht hinzunehmen. Das ist unsere Welt, das sind die Menschen von Heute. Wir müssen sie nach einem Wort von Konrad Adenauer, „nehmen, wie sie sind. Andere haben wir nicht." Zu ihnen sind wir gesandt und gehören selber zu ihnen. Für sie macht uns Christus verantwortlich. Ihnen sollen wir sein großes Evangelium in die kleinen Münzen des Lebens umwechseln. Das ist nicht einfach.

Heute scheitern Ehen nicht nur am „Ehebruch" wie in Matthäus 19 oder an der Intolleranz von Nicht-Christen wie bei Paulus. Die Gründe der Ehekrisen und die Ursachen der Ehetode sind heute so individuell, wie die Menschen individualistisch sind. Die Sünde hat viele Gesichter bekommen. Zu einfache Antworten überzeugen nicht. Und oft können wir uns bei der Suche nach Weisung aus dem Evangelium werder auf ein konkretes Jesus- oder Paulus-Wort berufen. Um so genauer müssen wir auf die Worte Heiliger Schrift achten, um so mehr um die Leitung des Heiligen Geistes beten, damit wir in den jeweiligen Situationen ein geistliches Gespür für den guten Gotteswillen bekommen. Und oft können wir nur bekümmert den Tod einer Ehe feststellen, beklagen und betrauern.

Vielleicht können wir vage auf sich selbst regulierende Kräfte einer Kultur hoffen. Es mehren sich die Stimmen, die gegen zu raschen Sex und für die Treue reden. Immerhin war in der Zeitung zu lesen, der fünfzigjährige Rockstar Peter Maffay habe nach zwei Monaten Zusammenleben mit der fünfundzwanzigjährigen Tanja „das Gefühl, endlich angekommen zu sein" und bekennt: „Selbst nach drei gescheiterten Ehen halte ich die Ehe an sich noch für die optimale Lebensform." Er denke an Heirat und Kinder. Diese Meldung ist allerdings schon ein paar Monate alt.
Wir sollten uns jedenfalls nicht entmutigen lassen, zu dem zu stehen, was uns Gott als seinen guten Willen erschlossen hat. Wir hoffen dabei nicht nur auf sich selbst regulierende Kulturkräfte. Wir vertrauen der Durchsetzungskraft des Evangeliums, darauf, dass es für sich selber spricht und überzeugt.

1.2. Seelsorgliche Überlegungen

1.2.1. ...zur Einstellung des Seelsorgers

Als Seelsorger brauche ich eine klare ethische Ausrichtung, ein klares Bild von Ehe, von Liebe und Treuem und die Überzeugung: Die Ehe ist das alternativlos glückliche Modell gelingender Partnerschaft, Gottes beste Idee für die Mann-Frau-Beziehung. Dieses paradiesische Geschenk steht unter Gottes Schutz. Es darf nicht verletzt werden.
Für dieses Eheverständnis werben wir, dafür stehen wir - auch im Widerstand zu frustrierten, scheidungswilligen Paaren.

Seelsorge ist persönlich. Der Seelsorger kommt in ihr auch mit seiner Person vor. Er kann in solcher Krisenseelsorge nicht absehen von seiner eigenen Ehen, von ihrem Gelingen, ihren Krisen und Krankheiten und der trotz allem lohnenden Liebesmühe. Meine persönliche Eheerfahrung ist in der Eheseelsorge immer mit gegenwärtig, ob ich das will oder nicht. Die Menschen spüren das. Ich kann und muß das nicht vermeiden. Aber jede Seelsorge an solchen Paaren provoziert mich, meine eigene Ehe anzuschauen, meine eigene Frau, mich, und die Art unseres persönlichen Umgangs.

So begegne ich den Paaren in der Krise als einer, der selber unfertig ist, lernen und arbeiten muß. Das behindert die Seelsorge nicht, sondern kann eine Brücke zum andern werden. Die aber brauche ich. Entweder es gelingt mir, das Vertrauen der Menschen zu gewinnen, oder ich werde kaum etwas erreichen. Natürlich komme ich möglicherweise auch als Pastor mit einem Auftrag, mit Erwartungen seitens der Gemeinde. Aber ich bin auch der Mensch, der Mann. So trete ich den andern gegenüber - als Verbündeter. Ich versuche, so dicht wie möglich bei ihnen zu sein und zugleich den nötigen Abstand zu bewahren, um noch helfen zu können.

Und zuweilen treten ich ihnen entgegen - geb's Gott! - wie der Engel dem störrigen Bileam in der Hoffnung, dass mich ein Esel wahrnimmt und hört. Ich stelle mich also auch darauf ein zu widersprechen, zu mahnen und zu warnen. Ich rede von Sünde und Schuld und stemme mich gegen die Resignation und sage nein zur Flucht. Denn möglicherweise bin ich zur Zeit der einzige, der noch klar denken, noch glauben und hoffen kann. Vielleicht werden sie's mir noch einmal danken, dass ich sie und ihre Ehe in der Krise nicht aufgegeben habe.
Ich versuche, mit ihnen herauszufinden, was noch gut und heil an ihrer Beziehung ist, welche Fundamentsteine noch tragen. Ich ermutige, aus Trümmern Neues zu bauen und warne vor der Illusion eines Neuanfang - mit einem anderen Partner.

Ich brauche darum auch ein Krisenverständnis. Krisen sind normal wie Fieber und Krankheiten. Krisen sind noch keine Katastrophen. Und ohne Schmerzen und Enttäuschung ist kein Liebesglück zu gewinnen. Wen ich liebe, den kann ich auch leiden. Lieben und leiden gehören dicht beieinander. Übrigens auch Liebe und Aggression. Vielleicht müssen Paare lernen, ihren Ärger, ihre Wut und ihren Schmerz auszudrücken. Sie dürfen sich anschreien - und sollten sich dabei möglichst an den Händen halten. Faires Streiten verbindet.

Ich engagiere mich, weil ich weiß: „Nichts kann ihren gemeinsam zurückgelegten Weg nachträglich auslöschen, auch nicht eine Scheidung. Der eine bleibt ein Teil der Lebensgeschichte des andern" (Denkschrift der EKiD, Ehe, Familie, Sexualität, Jugend, Gütersloh 1988, S. 281f). Und der Spaltpilz der ersten Ehe wird zu leicht in die nächste eingeschleppt. Darum ist eine riskante Operation immer noch besser als der riskierte Tod.
Ich engagiere mich besonders, wenn Kinder mitbetroffen sind. Ich glaube den Märchen nicht, die erzählen, die Kinder würden schon damit fertig, diese betrogenen Scheidungswaisen.
Ich muß den beiden, falls sie Gemeindeglieder sind, auch sagen, dass ihre Schuld zugleich die Gemeinde, den Leib Christi verletzt. Der ist mitbetroffen von dem, was den Gliedern Gutes und Böses geschieht. Die Gemeinde muß nein sagt zu einer Scheidung und kann sündiges Verhalten nicht unbegrenzt hinnehmen. Das mag wie Drohung klingen und ist doch nur der letzte Versuch, Gehör zu finden, zurückzurufen, zu Gott und seinen Möglichkeiten.

Manche Paare möchten zunächst einmal auseinanderziehen, in getrennten Wohnungen leben, Abstand gewinnen, sich erholen, zu sich kommen. Das kann ein Weg sein, wenn die beiden ihn gehen wollen. Ich gestehe, dass mich dabei manchmal der Verdacht beschleicht, dies könnte der eingeplante Anfang vom Ende der Ehe sein, der gleitende Übergang in die Scheidungsphase. Diese Sorge werde ich äußern. Zugleich will ich einem Paar solche Karenzzeit zubilligen. Wir müssen uns in diesem gemeinsamen Prozeß aufeinander verlassen, mit „offenen Karten spielen" können, damit aus unserem Bemühen kein böses Spiel wird.

Bei allem Engagement weiß ich allerdings auch, dass ich keine Ehe retten kann, dass ich für dieses Paar nicht die Verantwortung übernehmen, ihnen die Verantwortung nicht abnehmen kann und will. Ich spreche sie ihnen vielmehr deutlich zu.

Mit dieser Bescheidenheit, die auch meine Freiheit bleibt, setze ich mich ein. Nur so kann ich die Menschen immer wieder loslassen und mir selber den Freiraum bewahren, den ich zum Leben und Arbeiten brauche.

1.2.2. ... zu den Grenzen solcher Seelsorge

Es gibt nicht nur die Grenze meiner eigenen Verantwortlichkeit, sondern auch die der Bereitschaft des Paares, sich helfen zu lassen. Wollen sie sich helfen lassen, oder haben sie ihre Entscheidungen bereits getroffen? Jeder Mensch hat ein ihm von Gott verbürgtes Recht, selber zu entscheiden. In dieses Hoheitsgebiet einer anderen Peson darf ich nicht ungefragt eindringen. Wir müssen den Willen und das Nichtwollen der andern respektieren. Wir können und müssen manchmal unsererseits Stellung nehmen, reagieren. Aber zwingen können und wollen wir niemanden.

An die Grenzen stoßen wir bald, wenn ein Partner bereits eine neue Beziehung geknüpft hat und verliebt ist, emotional besetzt. Will er diese Beziehung nicht lösen, hat die Ehe kaum eine Chance, die Hoffnung sinkt fast auf den Nullpunkt. Aber auch dann sollten wir nicht zu schnelle aufgeben. Manche und mancher ist nach einiger Zeit enttäuscht und „geheilt" wiedergekommen und hat um einen Neuanfang gebeten. Er hat durch seinen Ausbruch den Partner allerdings zusätzlich verletzt. Der Schuttberg wird in der Regel größer. Hoffnung hat einen langen Atem - auch in dünner Luft.

Es mag auch das eine Grenze sein, wenn eigentlich schon vor der Hochzeit zu befürchten stand, diese Ehe könne kaum gelingen. Das Unglück war vorauszusehen, aber nicht zu verhindern. Kaum einer wundert sich, dass es jetzt „so weit ist". Allerdings müssen schlechte Startbedingungen nicht in's Scheitern führen. Ehe ist auch ein Lernfeld. Aber manchmal sind Verbindungen von vornherein verunglückte Ehen und ihr Alltag eine Katastrophe, eine Hölle, in der Gesundheit und Leben auf dem Spiel stehen. Die Ehe hat kaum gelebt. Manchmal mag Scheidung sogar ein Akt der Barmherzigkeit sein. Ein Ende mit Schrecken ist erträglicher als ein Schrecken ohne Ende.

„Eine Scheidung sollte daher grundsätzlich dann möglich sein, wenn der rechtliche Fortbestand der zerstörten Ehe die Betroffenen in ihrer menschlichen Existenz schwerer gefährden würde als die Scheidung" (Denkschrift, Seite 29). Die Stellungnahme der Bundesleitung Zur Ehe heute sagt es so: „In einzelnen Ausnahmen kann die Gemeinde einer Ehescheidung zustimmen, wenn ein erzwungenes Zusammenleben für die Betreffenden zu größerem Leid und größerer Schuld führt" (Seite 8, Absatz 11). Scheidung kann also zur Notlösung und Katastrophenhilfe werden. Es gibt Situationen, wo ich einen Partner sogar ermutigen muß, aus einem teuflischen Spiel auszusteigen, loszulassen, um sich und möglicherweise das Leben von Kindern zu schützen.

Wenn ich als Gemeidepastor so Seelsorge übe, brauche ich die Unterstützung und Rückendeckung der Gemeindeleitung. Ich brauche zwar einen Freiraum eigener Entscheidungen, aber ich bin kein Einzelkämpfer. Ich handle nicht eigenmächtig, sondern auch im Auftrag der Gemeinde und im Namen der Ältesten. Ich brauche deren Gebet und Korrektur, Ermutigung und Mittragen. Gerade in solchen Krisensituationen darf eine Gemeindeleitung sich nicht auseinanderdividieren lassen. Sie muß sich verbünden zum Guten, ein Team bilden, in dem sich jeder auf jeden verlassen kann.

1.2.3. ... zur Seelsorge nach Scheidung und Trennung

Wenn eine Scheidung nicht zu verhindert ist oder gar unvermeidbar wird, bekommt die Seelsorge eine neue Aufgabenstellung. Weil Ehe ihrem Wesen nach unscheidbar ist, kann es nicht wundern, dass Geschiedene verwundete und verletzte Menschen sind, besonders solche, die an der Ehe festhalten wollten. Scheidung ist ein Trauerfall. In der Therapie werden Geschiedene wie Trauernde behandelt. Dabei haben die Scheidungs-Trauernden es insofern schwere als die Verwitweten, weil ihre Partner noch leben. Die Toten kann man wenigstens in liebender Erinnerung im Herzen behalten, sie idealisieren und Gräber schmücken. Die Begegnung mit Geschiedenen dagegen kann alte Wunden neu aufreißen.

Trauernde sollen wir nicht alleine lassen. Auch Scheidungs-Trauernde brauchen Raum und Zeit, ihren Verlust zu verschmerzen, ihre wirren und heftigen Gefühle leben zu lassen, um sie so besser ordnen zu könn. Sie sollen ihren Schmerz beweinen und bewüten dürfen, ihren Zorn und ihre Ängste nicht unterdrücken müssen. Sie brauchen einen Schutraum, um ihre eigene Schuld anzuschauen, ihre Mitschuld, ihren Eigenanteil am Scheitern der Ehe. Sie müssen ihr eigenes Versagen beklagen und beweinen können, um das Herz freizubekommen für Vergebung und neuen Frieden.

Geschiedene sind keine Aussätzige. Sie dürfen auch in der Gemeinde nicht wie die Unreinen gemieden oder verstoßen werden. Die wegen der Intoleranz ihrer Partner geschiedenen Gemeindeglieder in Korinth waren sogar unschuldige Opfer der Scheidung. Auch so etwas gibt es heute. Manche Geschiedenen haben bis zu ihrer Trennung oft schon genug gelitten. Sie müssen auch getragen werden. Außerdem ist die Schuld einer gescheiterten Ehe nicht die einzige, die in der Gemeinde theamtisiert werden sollte. Hat Paulus nicht den Geiz „die Wurzel allen Übels" genannt? Ist nicht die oft über Generationen tradierte Unversöhnlichkeit alteingesessener Gemeindefamilien - wenn wir schon dabei sind zu gewichten - eine größere Sünde, als eine tötlich verunglückte Beziehung von unreifen Menschen?

Diejenigen Partner, die es am nötigsten hätten, Schuld zu bekennen und Vergebung zu erbitten, entziehen sich ohnehin meistens der Seelsorge und der Gemeinde und provozieren sogar ihren Ausschluß. Wir sollten den nicht scheuen, aber auch nicht zu schnell sein. Auch Einsicht in die eigene Schuld braucht bei manchen Zeit. Wenn wir zu sehr darauf pochen und drängen, drücken wir möglicherweise gegen eine Türe, die nur von innen nach außen geöffnet werden kann. Denn diese Menschen reagieren meist reflexhaft mit Verteidigung und Gegenangriff. Die Seelsorge aber lädt ein: Du darfst die Türe öffnen, und niemand macht dich fertig.

Was für die Trauer um Tote gilt, gilt auch für die Scheidungstrauer: Sie kann und darf ihr Ende finden. Schuld darf unter dem Kreuz Christi abgeladen werden, wunden sollen heilen. Probleme müssen aufgearbeitet werden, damit sie verblassen können und dem Frieden Raum lassen. Gott eröffnet dem Menschen unter dem Kreuz Jesu Christi eine neue Zukunft, gewährt Hoffnung. Wir fördern das. Manchmal muß die Gemeinde auch praktisch helfen, etwa bei der Wohnungssuche und der Kinderbetreuung, bis sich ein neuer Lebensrhythmus eingespielt hat.

Manchmal söhnen sich Geschiedene miteinander aus, ohne sich wieder heiraten zu wollen. Gelegentlich staune ich ungläubig, wenn sich Geschiedene wie Freunde in Kino oder Cafe treffen und miteinander plaudern. Könnten die beiden auch Mitglied derselben Gemeinde bleiben, wenn die geistlichen Voraussetzungen das grundsätzlich erlauben? Oder ist das eine Überforderung - für wen? Das müßten die getrennten Partner vor allem selber entscheiden. Schließlich ist die Gemeinde sowieso eine Gemeinschaft begnadigter Sünder.

2. Zum Stichwort: Wiederheirat

Hier kann ich einiges voraussetzen, was unter dem Stichwort Ehescheidung bereits ausgeführt wurde. Wenig berücksichtigen werde ich die Wiederheirat solcher, die sich haben scheiden lassen und dann wieder heiraten wollen. Wenngleich das in Israel laut 5.Mose 24, 4 nicht gestattet war, würden wir uns sehr über eine solche Entwicklung freuen. Vorausgesetz, diese erneute Heirat wäre Ausdruck einer Reifung und eines gemeinsamen Neuanfangs vor Gott und seiner Gemeinde. Auch in einem solchen Fall würden wir dem Buchstaben der alttestamentlichen Verordnung, die zur der Scheidebrief-Regelung gehört, nicht folgen. Aber dem Geist und Willen des Evangeliums würde es gewiß entsprechen, hier ein Fest zu feiern.

2.1. Ethische Überlegungen

2.1.1. Der exegetische Nicht-Befund

Wenn die Ethik die Exegese zum Stichwort Wiederheirat befragt, müssen die Antworten spärlich ausfallen. Wenn die Ehe nach dem Willen Jesu unscheidbar ist, kann dieses Ergebnis nicht wundern. Klar ist freilich dies: Wenn der Tod ein Paar gewaltsam voneinander trennt, steht dem Hinterbliebenen die Möglichkeit zu heiraten offen. Dazu kann Paulus junge Witwen, die nicht ohne Mann leben können und wollen, gradezu auffordern (1.Timotheus 5,14). Im übrigen schiebt

Jesus der Wiederheirat den erwähnten doppelten Riegel vor: Der Scheidebrief scheidet nicht, ermöglicht also keine neue Heirat. Und wer eine Gechiedene heiratet, bricht ihre - durch den Scheidebrief nicht aufgelöste - Ehe. So findet sich also kein Wort im Neuen Testament, mit dem sich eine Wiederheirat positiv begründen ließe.

2.1.2. Die Folgerung aus dem Schweigen

Wir haben in Zusammenhang der Scheidungsdiskussion in Matthäus 19 bereits erwähnt, dass Jesus im Fall des Ehebruchs durch die Frau einer Scheidung zustimmt, weil er eine solche Ehe als zerstört betrachtet. Das hieße entsprechend damaligen Rechtsgefühls: Er würde auch den Scheidebrief billigen, der zwar - nach unserer Deutung - die Funktion einer Todesanzeige hätte, gleichwohl aber das Heiratsdokument für die Frau war, die Erlaubnis, eine neue Ehe einzughen. Eine Rückkehr zu ihrem Mann war ihr verwehrt. Der aber würde, wie damals üblich, sowieso wieder heiraten. Das hat Jesus gewußt.

Hat er, indem er einer Scheidung zustimmte, der schuldhaft geschiedenene Frau eine Wiederheirat zugestanden? Auch der Ehebrecherin aus dem Johannes-Evanelium (8,1-11) hat er eine Wiederheirat nich verboten, sondern gesagt: „Sündige zukünftig micht mehr." Die Frage muß unbeantwortet, muß offen bleiben. Ausdrücklich hat Jesus nichts zur Wiederheirat dieser Frau und dieses Mannes gesagt.

Wir können nur aus dem Schweigen folgern, Jesus habe die jüdische Praxis gekannt und folglich gewußt, die Frau werde wieder heiraten müssen, um ihre Existenz zu sichern. Dem hat Jesus zumindest nicht widersprochen. Es könnte Ausdruck seiner Barmherzigkeit sein, einem schuldig gewordenem Menschen ein menschenwürdiges Weiterleben zu ermöglichen.

2.1.3. Die Mühe mit dem „privilegium Paulinum", 1. Korinther 7,15

Wir kommen noch einmal zu der Scheidungsproblematik in der Korinthischen Gemeinde (1.Korinther 7,10-16). Paulus rät dem Christen, eine Scheidung hinzunehmen, wenn der nicht-christliche Partner den

Glauben gegen die Ehe stellt. „Der Bruder oder die Schwester ist nicht gebunden in solchen Fällen" (Vers 15) Strittig ist die Wendung „nicht gebunden", wörtlich „nicht versklavt". Wir haben bereits geklärt, dass Paulus damit den Christen vom Ja-Wort und von seiner Ehe entbindet . Der glaubende Teil wird dadurch nicht zum Treulosen, zum Ehebrecher. Er ist Opfer religiöser Intolleranz und erleidet die Scheidung wegen seines Glaubens.

Die spannende Frage lautet: Ist dieses sogenannte Privileg zugleich die Erlaubnis und das Sonderrecht, eine neue Ehe einzugehen? Hat Martin Luther Paulus richtig verstanden, wenn er in einem „Brautlied" für den Erbmarschall von Sachsen und seine Braut (1523) auslegt: „... in diesen Sachen, da ein Gemahl das andere unchristlich zu leben hält oder sich von ihm scheidet, da ist's nicht gefangen noch verbunden, an ihm zu hangen. Ist's aber nicht gefangen, so ist's frei uns los. Ist's frei und los, so mag sich's verändern, gleich als wäre sein Gemahl gestorben" (bei H.Thielicke, Seite 719). Auch hier müssen wir mit offenen Fragen leben.

Die Bundesleitung folgert in ihrer Stellungnahme Zur Ehe heute: „Das sich in Mt.19,9 und 1.Kor.7,15 nicht eindeutig entscheiden läßt, ob dort Geschiedenen zugestanden wird, erneut zu heiraten, können zum einen Geschiedene nicht ohne weiteres wieder heiraten noch kann die Gemeinde generell eine Wiederheirat verbieten" (Seite 8, Absatz 12). Das bezieht sich auf Geschiedene allgemein und nicht nur auf die wegen Ehebruchs und Glaubensintoleranz Getrennten.

2.1.4. Das Evangelium ist unteilbar - und die Gnade viel mächtiger als die Sünde.

Viele haben wenig Probleme mit einer Wiederheirat, wenn die Scheidung vor der Bekehrung der betreffenden Personen liegt. Sie argumentieren. Die Sünden vor der Bekehrung werden mit und in der Bekehrung vergeben. Das neue Leben aus Glauben kann auch eine neue Ehe eröffnen. Das leuchtet auf den ersten Blick ein. Auf den zweiten allerdings wird's theologisch schräg und gar gefährlich.

Denn es hieße in der Konsequenz - übrigens nicht zum ersten Mal in der Kirchengeschichte: Die Sünden, die der Christ nach der Bekehrung begeht, können nicht gleichermaßen vergeben werden. Ein Neuanfang im Glauben ist nicht ohne weiteres möglich. Folglich muß einem als Christ Geschiedenem möglicherweise eine Wiederheirat veragt bleiben.

Da widerspricht das Evangelium. Darum müssen wir es auch tun. Freilich unterscheiden wir zwischen der Schuld eines Christen und eines Nicht-Christen. Der Glaubende hat tragenden Grund unter den Füßen, den Herrn an seiner Seite, und der Heiligen Geist wirkt in ihm. Wenn er sündigt, empfinden wir das als beschämend, eben als Schuld. Ein nichtglaubender Mensch kann nur auf sich selber zurückgreifen, hat der Versuchung wenig entgegenzusetzen. Aber auch „wir verfehlen uns alle mannigfaltig", erinnert Jakobus (3,2), und „wenn wir sagen, wir haben keine Sünde, so betrügen wir uns selbst, und die Wahrheit ist nicht in uns" (1.Johannes 1,8).

Es muß auch für einen langjährigen Christen, der in Schuld gerät, Vergebung und Neuanfang geben? Jesus hat am Kreuz die Sünden der ganzen Welt getragen. Er wird auch die Sünden tragen, die wir noch tun werden, wenngleich wir sie nicht tun wollen, sie beklagen und beweinen. Seine Gnade endet nicht mit unserer Bekehrung, sondern mit unserer Auferstehung. Und dann werden wir sie ewig feiern. Mancher mag kritisch zurückfragen, ob dadurch die Gnade nicht „billig" gemacht werde. Diese Gefahr begleitet uns ebenso wie die der harten Gesetzlichkeit. Alles Kostbare ist bedroht. Selbst das Evangelium war uns ist nicht vor Mißverständnissen geschützt. Manche haben es schon zu Zeiten des Paulus als Einladung zum Sündigen mißdeutet. Aber das Evangelium muß Evangelium bleiben, vor wie nach der Bekehrung. Die Gnade muß Gnade bleiben - auch für einen reifen Christen.

So lesen wir es im Evangelium: Als der jüngere von den beiden verlorenen Söhnen nach Hause kam, fand er sich in den Armen des Vaters wieder. Der hat dem Sünder nicht nur vergeben, sondern ihn wieder in seine früheren von ihm verscherzten Sohnesrechte eingesetzt, mit Festkleid, Siegelring und Schuhen ausgestattet und gefeiert (Lukas 15,11-32). Das alles sehr zum Ärger des älteren Bruders. Heimkehr und Neuanfang. Damit die Sünde nur ja nicht mächtiger werde als die Gnade.

Petrus, der Felsenmann, hat seinen Herrn bis zu Selbstverfluchung verleugnet. Das ist nach menschlichem Ermessen unverzeihlich, jedenfalls schwerwiegender als ein Ehebruch. Petrus versündigt sich hier nicht nur gegen einen Menschen, sondern gegen Jesus selber. Trotzdem setzt der Auferstandenen diesen Mann schon bald nach Ostern wieder in sein Amt ein, ordiniert in neu und vertraut ihm seine Gemeinde an. Kaum nachzuvollziehen, diese Barmherzigkeit Jesu Christi, kaum zu fassen, wieviel der Herr zu tragen bereit ist. Er baut trotz allem auf diesen Petrus.

Ich wage das auf unsere Fragestellung zu übertragen: Wo die Schuld an einer zerbrochenen Ehe zum Sündenbekenntnis führt, wo Vergebung zugesprochen und erfahren wird, da kann die Gnade auch einen neuen Anfang in einer neuen Ehe gewähren. Durchaus nicht in jedem Fall, wie wir noch zu klären haben. Aber es muß die Möglichkeit der Gnade offen gehalten werden, diese Trotzdem-Erlaubnis des Evangeliums, dieses barmherzige Recht auf Grund der Rechtfertigung des Sünders. „Barmherzigkeit aber triumphiert über das Gericht" (Jakobus 2,13).

2.2. Seelsorgliche Überlegungen

2.2.1. Wir rufen zur Buße und laden zur Vergebung ein

Das wird noch einmal das Thema unserer Seelsorge sein, wenn Geschiedene an Wiederheirat denken. Spätestens da gilt es zu schauen, ob Lebensschuld und Lebenslast - im Bild gesprochen - unter das Kreuz Jesu, dem Schuttabladeplatz der Welt getragen wurden. Eine geklärte Vergangenheit eröffnet Zukunft. Wo das nicht geschieht, Menschen dazu nicht bereit sind, gibt es wenig zu hoffen. Nur formale Bekenntnis, die mehr die Gemeinde und den Seelsorger beruhigen sollen, als das eigene Leben zu ordnen, verderben das gemeinsame Bemühen. Es ist ein Geschenk, wenn Menschen sich der wunderbaren Einladung Jesu Christi öffnen und ihr Leben von ihm heilen lassen. Geschenke können wir nicht erzwingen. Wir können sie erbitten und sie feiern, wenn wir sie bekommen.

2.2.2. Nicht alle sollten heiraten, erst recht nicht alle Geschiedenen

Mancher ist glücklicher alleine. Heirat ist kein Muß. Darum muß auch eine Neuordnung des Lebens nach einer Scheidung nicht wieder in eine Ehe einmünden. Vielleicht wird ein Leben „im Frieden", von dem Paulus spricht, eher ohne einen neuen Partner gelingen. Es gibt Ehen, die an der Beziehungs-Unfähigkeit eines oder beider Partner scheitern. Menschen sind zu eigen, zu gestört zu belastet für eine Leben zu zweit. Sie sollten um ihret- und der andernwillen alleine bleiben. Das ist weder ehrenrührig noch verdächtig. Es kann die beste Lösung für ein gelingendes Leben sein. Darüber sollten wir miteinander reden. Paulus nennt das Alleinseinkönnen eine Gnadengabe.

2.2.3. Wiederheirat verhindert eine mögliche Versöhnung

Viele Frauen und Männer haben allerdings lange vergeblich darauf gewartet und gehofft, der Partner möge zurückkommen. Aber eine frühe, neue Bindung schneidet diese Möglichkeit meistens ab. Ich habe erfahren, wie Geschiedene nach vielen Jahren alte Spuren aufnahmen, um den getrennten Partner noch einmal zu treffen, Jugendfotos anzuschauen und Erinnerungen zu pflegen. Eine neue Heirat bedeutet neue Treueverpflichtung und das endgültige Nein zum früheren Partner. Solche Entscheidungen brauchen Zeit.

2.2.4. Ein generelles Verbot der Wiederheirat widerstrebt dem Evangelium

Es gibt Grenzen des Wartens. Und manche Geschiedenen haben ihre Wachstumsschmerzen angenommen, sind durch die Krise reifer geworden und manche - wenn auch verspätet - ehefähig. Jedenfalls ehefähiger als je zuvor. Wenn es keine Hoffnung auf einen Neuanfang mit dem getrennten oder gar geschiedenen Partner gibt und ein Singledasein eine unzumutbare Lebensform bedeutet, muß die Frage nach einer Wiederheirat gestellt werden dürfen. Vielleicht werde ich sie als Seelsorger zu gegebener Zeit selber ansprechen.

Ich jedenfalls habe nicht die Freiheit, einer fünfundzwanzigjährigen Frau mit ihren beiden Kindern zuzumuten, lebenslang alleinezubleiben. Sie wurde mit achzehn schwanger. Ihr Freund war ein Jahr älter. Sie glaubten an ihre Liebe, wollten konsequent sein, nicht abtreiben, sondern heiraten. Auch die Eltern drängten dazu, und alle hofften, es werde schon alles gut gehen. Aber die jungen Menschen hatten sich überfordert, und ihre Umgebung hat sie nicht zu bewahren versucht. Zwei „Kinder" wurden Eltern, ein zweites Mal. Aber sie waren zu unreif, zu verschieden. Es ging bergab. Das Unglück war vorauszusehen. Dann standen sie vor dem Scherbenhaufen, einander fremd und trennten sich.

Muß ihnen nun als Konsequenz ihrer Schuld eine neue Ehe versagt bleiben - als lebenslange Bußübung oder Strafe? Soll das der Weg sein, auf den Gott sie besonders segnen und stärken will? Das mag für einzelne zutreffen; aber sie sind die große Ausnahme. Für die meisten wäre ein solch scheinbar geistliche Lösung nichts als unerträgliche Last. Ich finde, das Evangelium weist uns einen anderen Weg. Es mahnt uns, die Gnade nicht dadurch kleinzumachen, dass wir der Sünde ein Gewicht geben, das ihr nicht gehört. Sie ist schrecklich schwer; aber sie kann niemals die Gnade aufheben.

2.2.5. Zur Wieder-Trauung Geschiedener

Wenn wir Geschiedene seelsorglich begleiten und die Freiheit gewinnen, einer Wiederheirat zuzustimmen, müssen wir auch eine Wieder-Trauung wollen. Das ist folgerichtig. Verführen wir sie damit nicht, möglicherweise ein zweites Mal lebenslange Treue zu versprechen - und ein zweites Mal zu lügen? Keiner kann für sich garantieren. Es kann aber sehr wohl sein, dass sie in der Wieder-Trauung zum ersten Mal bewußt begreifen, was sie einander geloben, und erstmals genau dies wagen wollen, im Vertrauen auf Gottes Barmherzigkeit und Treue.

Ist der Weg klar, sollte die Trauung nicht irgendwo im Winkel, sondern inmitten der Gemeinde stattfinden. Da muß nicht verschwiegen werden, was gewesen ist. Agenden geben Sprachhilfen für heikle Situationen. Gemeinde und Festgäste dürfen wissen, hier heiraten Menschen, die eine schwierige Zeit durchstehen mußten, die nicht unbekümmert in die Ehe rauschen, die aber wissen, was sie nun warum tun. Vollmundige Bekenntnisse sind hier nicht gefragt. Auch Petrus hat auf die Frage des Auferstanden „Hast du mich lieb?" am Ende nur kleinlaut und bescheiden geantwortet: „Herr, du weißt alle Dinge, du weißt, dass ich dich liebhabe"(Johannes 21,17). Diese Antwort war für Jesus genug.

Schluß:

„Wo die Sünde mächtig geworden ist, ist die Gnade viel mächtiger geworden", schreibt Paulus der Gemeinde in Rom (Römer 5,20). Wie mächtig die Sünde werden kann, erleben wir heute zu oft an Ehen, die zerbrechen. Die Ehe ist ihrem Wesen nach unauflöslich. Aber sie kann zerstört, zerbrochen werden. Sie kann sterben. Darum ist es unsere erste ethische und seelsorgliche Verantwortung, eine Ehekultur zu entwickeln und zu pflegen, in der Liebe und Treue leben und gedeihen.

Wir stehen den Paaren in ihren Krisen bei, um mit ihnen die Chancen in den Krisen zu entdecken und zu nutzen. So lange und so gut wir können, versuchen wir mit den Betroffenen, Ehe zu retten, den Beziehungstod zu verhindern. Das aber gelingt nicht immer. In der Scheidung zeigt sich der Ehetod endgültig. Aber wir versuchen, bei den Menschen zu bleiben, ihnen die Schuld und die Vergebung vorzuhalten und mit ihnen und für sie auf einen gnädigen Neuanfang zu hoffen. Wir wollen mit ihnen und für sie an eine neue Zukunft glauben. Die wird unterschiedlich aussehen. Es kommt auf die Menschen und ihre Lebenssituationen an. Schnelle Lösungen verhindern oft gute Entwicklungen. Alleinbleiben kann erfüllender sein, als eine neue Beziehung. Die aber muß auf Grund des Evangeliums auch möglich sein. Der Gott, der aus dem Tohuwabohu einen wunderbaren Lebensraum geschaffen hat, der die Toten lebendig macht, vermag auch den in ihren Ehen Gescheiterten neue Lebensmöglichkeiten zu erschließen. Darauf hoffen wir, weil wir an ihn glauben.

Gleichgeschlechtliche Liebe

von Dr. Christl Ruth Vonholdt

Einleitung

Ich halte die Rede von der „Gleichgeschlechtlichen Liebe" für einen sehr, sehr verschleiernden Begriff, denn es geht nicht in erster Linie um Gleichgeschlechtlichkeit. Das Beste, was homosexuell empfindenden Männern und Frauen passieren kann, ist etwas, das uns allen gut tut: nämlich gleichgeschlechtliche Freundschaften zu haben. Es geht auch nicht um Liebe, denn wir sind alle aufgerufen einander zu lieben. Es geht vielmehr um die Frage: Was ist Homosexualität? Was sind homosexuelle Sehnsüchte? Was sind homosexuelle Vorstellungen? Was sind homosexuelle Erfahrungen und Verhaltensweisen, woher kommen sie? Aber es ist typisch für unsere Zeit, dass wir diese verschleiernden Begriffe haben, genauso wie den Begriff „homosexuelle Orientierung". Vor 50 Jahren kannte man ihn noch nicht und heute hat er fast die Bedeutung: ja, das ist eine besondere Minderheit, eine besondere Orientierung, da fragt man am besten nicht näher nach. Wir müssen aber lernen, genauer nachzufragen. Und wenn wir das tun, stellen wir fest, dass sich hinter der „Orientierung" Sehnsüchte verstecken - und mit Sehnsüchten müssen wir alle lernen umzugehen. Phantasien, Wünsche, Vorstellungen stecken dahinter; Vorstellungen im Kopf davon, wie ich selber in Beziehung zu anderen stehe, in Beziehung zu mir und in Beziehung zur Welt. Erwartungen und Erfahrungen stecken dahinter, die meine Sicht von mir selbst und der Welt prägen. Der erste Orgasmus z.B. ist eine Erfahrung, die prägt. Untersuchungen bei Jugendlichen haben gezeigt: Wer mit homosexuellen Erfahrungen experimentiert, möchte diese Erfahrungen wiederholen und was anfangs nicht so „normal" scheint, wird im Lauf der Erfahrungen immer „normaler". Wir müssen also das geheimnisvolle Wort „homosexuelle Orientierung" aufdröseln und lernen, was darunter steckt. Mit Erfahrungen, Sehnsüchten, Phantasien, Vorstellungen müssen wir alle lernen umzugehen. Und das nimmt ein Stück das Flair von einer

„besonderen Minderheit" weg, die man am besten zum Experten schickt. Wir können in unseren Gemeinden besser befähigt werden, mit Menschen verschiedener sexueller Wünsche, Sehnsüchte, Vorstellungen, Erfahrungen und „Orientierungen" umzugehen. Dazu gehört neben dem Näher-hinsehen, dass wir unsere eigene Sexualität, unsere eigene Geschichte damit, unsere eigenen Phantasien, Wünsche, Vorstellungen, Erfahrungen näher ansehen lernen und im Licht Gottes reflektieren. Nur sehr selten ist da alles „glatt" gegangen. Dann werden wir entdecken, dass wir alle gar nicht so verschieden voneinander sind, dass wir viel mehr Gemeinsames als Trennendes haben.

Beispiel:

Nach diesen Vorbemerkungen möchte ich meinem Vortrag mit einem Beispiel beginnen[1]:
Mein Name ist Markus. Ich bin von Beruf Sozialarbeiter und arbeite in der Beratung von Menschen, die im Bereich ihrer Sexualität verschiedene Probleme haben, also auch mit Menschen aus homosexuellem Hintergrund. Dies ist auch mein eigener Hintergrund. Seit ich zurückdenken kann, schon im Kindergartenalter, so scheint es mir, hatte ich so ein sonderbares Gefühl, mich zu vergleichen mit den anderen Jungen, sie irgendwie schöner und faszinierender zu finden als mich und sie zu bewundern. Als ich in die Pubertät kam, stellte sich dieses Gefühl als ein sehr eindeutiges, homosexuelles Gefühl heraus, das herausbrauch in Phantasien und Selbstbefriedigung.
Ich hatte das Glück, mit 16 Jahren Jesus kennenzulernen. Doch konnte ich damals mit keinem Seelsorger über meine Homosexualität reden. Ich bin in einem frommen Raum aufgewachsen. Erst später, als ich mich einer verbindlichen Gemeinschaft angeschlossen hatte, konnte ich in der Seelsorge darüber reden. Doch auch dann noch war es schwierig, dem Seelsorger mitzuteilen, was mich wirklich bewegt, und bald war ich entmutigt, denn nach dem ersten, zweiten und dritten Gebet hatte sich keine Änderung eingestellt. Meine Konflikte waren eher größer geworden. Ich fühlte mich innerlich von moralischen Anforderungen überschüttet und wagte bald gar nicht mehr, über meine Problematik zu reden, denn es hatte sich ja anscheinend noch nichts geändert. Ich

---

[1] © Wüstenstrom, Hauptstraße 72, 71732 Tamm

fühlte mich zu einer Passivität verdammt. Das ging bis zu dem Punkt, da ich mich fragte: Wonach sehnst du dich eigentlich, wenn du dich nach einem Mann sehnst, wenn du einem Mann auf der Straße nachschaust? Und ich entdeckte, was mich an Männern faszinierte: ich wollte so sein wie sie. Das war ein bahnbrechendes Erlebnis für mich, als ich sozusagen im Selbstversuch merkte, meine Homosexualität ist nicht zuerst ein sexueller Konflikt, sondern ein Identitätskonflikt und hat mit der Frage zu tun: wer bin ich als Mann und wer will ich als Mann sein. Von da ab konnte ich meinem Seelsorger die richtigen Hinweise geben und so bin ich langsam auf den Weg der Heilung gekommen.

Sehr bedeutsam war für mich, dass ich falsche Motive in meinem Verhalten abgebaut habe. Lange Zeit zum Beispiel hatte ich meinem Vatervorbild nachgeeifert, das sehr leistungsorientiert war. In dem Wunsch, ihm alles recht machen zu wollen, erlebte ich immer neue Enttäuschungen und damit verbundene riesige homosexuelle Rückfälle. Ich musste mich mit meinem Vater aussöhnen. Das war ein langer Prozess, es dauerte etwa 10 Jahre. Ich musste mich auch versöhnen mit Frauen. Ich bin einmal von einer Frau missbraucht worden, das war ein entscheidendes negatives Erlebnis. In all dem habe ich gelernt, vor Jesus zu stehen und zu sagen: Ich schaue jetzt meine Wahrheit an und mein Leben in Wahrheit an. Ich gehe nicht mehr der Lüge nach. Eine dieser Lügen war, dass ich meinte, durch fromme Leistungen - so wollte ich zum Beispiel lange Zeit Mönch werden - meine Homosexualität verstecken oder kitten zu können. Zu mir stehen, wie ich bin, und Jesus und mich anschauen in Wahrheit, das hilft mir bis heute. Ich hatte das Glück, am Anfang meines Studiums mich in eine Frau zu verlieben. Heute sind wir verheiratet und haben 2 Kinder. Auch in meiner Ehe war es wichtig, an meiner Homosexualität weiter zu arbeiten, manchmal ist es ein schmerzliches Thema. Ich leide aber heute nur noch ganz gelegentlich an homosexuellen Gefühlen, meistens sind meine Gefühle heterosexuell. Trotzdem gibt es noch manchmal Minderwertigkeiten als Mann, wo ich mich zurückziehe. Mich immer wieder meiner Identitätsproblematik zu stellen, also der Frage, wer bin ich als Mann, das kann ich letztlich nur durch einen ganz bewussten Glauben an Jesus, weil ich in ihm gegründet bin und in ihm meine wahre Identität habe. Das gibt mir die Kraft, gegen die seelischen Verletzungen in meinem Leben immer wieder neu aufzustehen.

Homosexualität und Biologie

Dieses Beispiel beantwortet schon einiges von unserer Frage: Was ist eigentlich Homosexualität?

Im letzten Jahrhundert schon hatte man - und zwar genauso vergeblich wie heute - versucht, Homosexualität biologisch zu begründen. Damals gab es die Meinung, sexuelle Abweichungen seien die Folge einer biologischen Degeneration. Damals wurde die Biologie herangezogen, um Minderwertigkeit zu beweisen, so wie damals übrigens einige Wissenschaftler die geringere Größe des weiblichen Gehirns als Beweis dafür nehmen wollten, dass das weibliche Gehirn minderwertig sei. Heute wird die Biologie meist herangezogen, um größere Akzeptanz des homosexuellen Verhaltens zu erreichen. Keiner der Arbeiten aber, die bisher versucht haben, eine Veranlagung zur Homosexualität nachzuweisen, ist dies bisher gelungen. Das gilt sowohl für die Hinforschungen als auch für die genetischen Forschungen, die Hormonforschungen und die Zwillings- und Familienstudien. Allerdings: die Frage nach eventuellen biologischen Grundlagen enthebt uns nicht der Verpflichtung zur ethischen Beurteilung menschlichen Verhaltens. Die Wissenschaft kann uns nur sagen, was ist, nicht, was sein soll. Was richtig oder falsch ist, die Antwort darauf erfahren wir nicht aus unseren Genen, sondern aus den Verheißungen Gottes. Manche behaupten z.B., Homosexualität sei für sie „natürlich". Das Verhalten, das Gott von uns erwartet, ist aber oft gerade nicht das, was uns „natürlicherweise" liegt. Im Alten Testament zum Beispiel mussten die Israeliten Quasten an ihren Kleidern tragen, damit sie täglich daran erinnert würden, nicht das zu tun, wonach ihr eigenes Herz und ihre eigenen Augen verlangten, was ihnen also „natürlicherweise" lag, sondern das zu tun, was Gott von ihnen wollte (4. Mose 37, 39).

Die amerikanische Vereinigung lesbischer und schwuler Mediziner hat ihren Mitgliedern empfohlen, das „biologische Argument" in der Homosexualitätsdebatte nicht mehr zu benutzen, denn es fehle bisher der Beweis. Außerdem - je nachdem, ob man homosexuelles Verhalten für wünschenswert hielte oder nicht - könne man Wege suchen, um Homosexualität genetisch zu „reparieren", wenn sich doch eines Tages ein Hinweis auf eine genetische Ursache finden lassen solle. Die Biologie allein kann uns also die Antwort auf ethisch-moralische Fragen nicht geben. Immer wieder höre ich das Argument: ja, wenn vielleicht doch eines Tages nachgewiesen werden kann, dass Homosexualität angeboren ist, dann kann man nicht mehr „dagegen" sein, dann muss man es doch als „normal" anerkennen. Man muss es anerkennen, aber die Frage bleibt: als was? Wissenschaft kann uns keine Orientierung geben, sie setzt vielmehr Orientierung voraus. Wenn wir z.B. eine Lernbehinderung entdecken, die genetisch bedingt, also angeboren ist, werden wir Programme entwickeln, um diese Lernbehinderung dennoch zu überwinden. Um die Frage zu beantworten, was ist Homosexualität eigentlich, brauchen wir mehr als genetische oder andere Untersuchungen, dazu brauchen wir Orientierung, die kann uns aber nur offenbart werden, denn dazu brauchen wir eine Vorstellung von der Bestimmung des Menschen, also nicht nur davon, wie der Mensch ist, sondern wie er sein soll. Offenbarung ist Orientierung und kommt aus der Zukunft auf uns zu.

Homosexualität und die Frage nach dem Menschen

Wenn nun abweichendes Sexualverhalten nicht biologisch vorherbestimmt ist, dem Menschen nicht durch Gene, Hirnkerne, Hormone oder Sonstiges aufgezwungen ist, wenn Studien an Tieren gar nicht so ohne weiteres auf den Menschen übertragbar sind, weil menschliches Sexualverhalten so sehr durch Phantasien und innere Bilder gespeist wird, dann besteht die Chance, dass Homosexualität etwas ist, das wir verstehen können, dann sind homosexuelle Gefühle einfühlbar, weil sie menschlich sind, und dann sind sogenannte „Homosexuelle" auch nicht mehr die unverstandene, weil unverständliche, Minderheit. Dann müssen homosexuell orientierte Männer und Frauen ihre selbstmitleidige Klage: „mich versteht niemand, ich bin anders als alle anderen", eine Klage, die auf einem tiefen Gefühl des Abgelehntseins beruht, auf Gefühlen, die aus der Kindheit stammen und in der Regel auf die Gesellschaft und die Umgebung übertragen werden, dann müssen sie diese Klage aufgeben, denn dann sind wir alle nur noch Frauen oder Männer, unabhängig davon, ob wir gerade homosexuell, bisexuell, transsexuell, pädophil oder sonst etwas fühlen - oder ob wir gar nichts fühlen. Für uns alle geht es zutiefst um die Gestaltung unseres Lebens. Wir alle haben Bedürfnisse nach Beziehung und Ergänzung. Wir alle möchten unsere Einsamkeit überwinden. Für uns alle geht es um die Beziehung zu uns selbst, zum eigenen Geschlecht als dem eigenen und zum anderen Geschlecht als dem anderen. Wir alle verlieben uns nicht in das, was uns vertraut ist, was uns bekannt und selbstverständlich ist, sondern in das Andere, das Fremde, das ist das Geheimnisvolle, das erotisch Prickelnde. Der heterosexuell orientierte Junge verliebt sich in das Mädchen, weil Weiblichkeit für ihn ein Geheimnis ist. Der homosexuell orientierte Junge verliebt sich in sein eigenes Geschlecht, weil es ihm nicht wirklich bekannt, vertraut und selbstverständlich ist.

Gehen wir noch einmal einen Moment zurück zur Frage nach der Bestimmung des Menschen, also auch zur Frage, was für Vorstellungen über den Menschen, über uns selbst, wir im Kopf haben. Die ideologische Pro-Homosexuellen-Bewegung innerhalb der Kirche spricht zwar von Toleranz, ihr eigentliches Ziel besteht aber darin, eine biblisch orientierte Anthropologie (Lehre vom Menschen) abzuschaffen und durch eine „schwule Anthropologie" zu ersetzen. Die Schwulenbewegung innerhalb der Kirche behauptet im Grunde, Gott habe zweierlei Menschen geschaffen: heterosexuelle und homosexuelle. Christliche Anthropologie - das haben wir heute morgen ausführlich gehört - lehrt, dass nach Gottes Plan alle Menschen auf den anderen hin, auf Ergänzung durch das andere Geschlecht hin, angelegt sind und dass erst Mann und Frau gemeinsam der ganze Mensch nach dem Ebenbild Gottes sind. Wenn also Männer und Frauen, die mit ihrer Homosexualität kämpfen, zu uns kommen, müssen wir ihnen als erstes sagen: „Du bist nicht homosexuell. Deine wahre Identität liegt in deiner Ergänzungsmöglichkeit und Ergänzungsbedürftigkeit durch das andere Geschlecht. Von unserer Bestimmung her sind wir alle heterosexuell, nur manche von uns haben ein homosexuelles Problem - und andere Leute haben andere Probleme." Sich das deutlich zu machen, ist wichtig, denn wir wissen, wie sehr unser Verhalten beeinflusst wird von unseren Vorstellungen im Kopf, von dem Bild, das wir von uns und der Welt haben, das gilt besonders für junge Menschen. Wenn jemand mir sagt: „Ich weiß genau, ich bin homosexuell", dann kann ich ihm unter Umständen entgegnen: „Dein Kopf mag dir sagen, dass du homosexuell bist, aber dein Penis sagt dir was Anderes." Es geht also um die Frage nach unseren Vorstellungen im Kopf.

Jemand mag einwenden, dass es „Homosexuelle" doch schon in der griechischen Antike gab. Nein, es gab und gibt Menschen mit homosexuellem Verhalten, aber keine „Homosexuellen". Das Konzept von Homosexualität als einer eigenen Identität, nämlich der sogenannten schwulen oder lesbischen Identität, die man durch das „coming out" annimmt, dieses Konzept ist erst gut 100 Jahre alt. Es hat politische und ideologische Hintergründe und kommt aus einer Lehre vom Menschen, bei der unsere Geschlechtlichkeit, unsere Weiblichkeit und Männlichkeit in der Bedeutungslosigkeit verschwinden sollen. Die Idee einer „schwulen Identität" stammt von einem Rechtsanwalt namens Karl-Heinrich Ulrichs aus dem 19. Jahrhundert. Er war selbst homosexuell. Er stellte als erster die Behauptung auf, dass Homosexuelle wie ein eigenes, drittes Geschlecht seien, also etwas ganz Besonderes. Die Vorstellung vom dritten Geschlecht wurde später von der politischen Schwulen-Bewegung übernommen. Aus dieser Vorstellung heraus versucht die Schwulen-Bewegung aus der Homosexualitätsfrage eine Menschenrechtsfrage zu machen. Selbstverständlich hat jeder Mensch und jede Frau unabhängig von ihren sexuellen Wünschen oder auch Verhalten dieselben Menschenrechte und dieselbe Menschenwürde - das bedeutet aber nicht, dass jedes sexuelle Verhalten moralisch-ethisch gleich gut oder gleich richtig sei. Wo man aber von einer besonderen Identität ausgeht, darf das Verhalten kaum noch hinterfragt werden. Karl Heinrich Ulrichs allerdings, nachdem er im Lauf seines Lebens immer neue verschiedene sexuelle Orientierungen und Neigungen entdeckte, war am Ende davon überzeugt, dass es mehr als 12 verschiedene Geschlechter gäbe.

In unserer Beratung mit Menschen ist es uns wichtig, eine Unterscheidung zu treffen zwischen „homosexuell" auf der einen Seite und „schwul" oder „lesbisch" auf der anderen. Homosexuell meint ja zunächst nur eine sexuelle Orientierung im Gegensatz zu einer heterosexuellen Orientierung. Eine homosexuelle wie auch eine heterosexuelle Orientierung kann eingeordnet und bewertet werden. Viele Untersuchungen, christliche und sekulare (weltliche), zeigen, dass eine homosexuelle Orientierung überwunden werden kann. Mit dem Begriff „schwul" wird aber schon eine ganz bestimmte Deutung von Homosexualität ausgedrückt. „Schwul" soll bedeuten, dass Homosexualität angeboren, gut und unveränderbar sei. Das ist aber nur eine mögliche Deutung von Homosexualität. Oft entscheidet man sich für diese Deutung, weil andere Deutungen in unserer Öffentlichkeit kaum mehr vorkommen. Die übergeordnete Frage ist aber, wie Männer und Frauen mit ihren homosexuellen Gefühlen und Erfahrungen umgehen, wie sie sie bewerten und ob sie versuchen, sie zu überwinden.

Seit der Frühe der Menschheit gibt es homosexuelle Praktiken. Im Gegensatz zu anderen Kulturen wurden sie in der Geschichte des Judentums und des Christentums immer abgelehnt. Die Begründung haben wir heute morgen gehört: Nach biblischem Verständnis gehören zum vollen Menschsein nach dem Bilde Gottes von Anfang an zwei Geschlechter und ihr einzigartiges Aufeinandergewiesensein äußert sich gerade in der Geschlechtlichkeit. Unser Frausein und Mannsein soll uns daran erinnern, dass wir auf Ergänzung hin - und in geschlechtlicher Hinsicht auf Ergänzung durch das andere Geschlecht hin - angelegt sind. Nach biblischem Verständnis sind Menschsein und sich Transzendieren müssen, also über sich selber hinausweisen müssen, eines. Wir sind geschaffen, um aus uns heraus zu weisen, auf das hin, was wir nicht sind: Der Mann auf die Frau, die Frau auf den Mann und beide gemeinsam auf Gott. Das irdische Abbild - und zwar männlich und weiblich gemeinsam - ist auf das göttliche Urbild hin transzendiert, weist darauf hin. Deshalb ist die Ehe von Mann und Frau niemals in irgendeiner Weise gleichzustellen mit gleichgeschlechtlichen Verbindungen. Es kommt nämlich auf die richtige Abbildung vom Urbild an. Der Franzose Jean Vanier bezeichnet die Ehe zwischen Mann und Frau als „Ikone Gottes", also als das richtige Abbild vom Urbild. Alle falschen Bilder und Abbilder bezeichnet das Alte Testament als Götzendienst. Wenn heute jemand sagt, die Ablehnung der Homosexualität im Alten Testament sei nur in Verbindung mit Götzendienst gemeint, so ist dem entgegenzuhalten: homosexuelles Verhalten ist und bleibt in einem tiefen anthropologischen Sinn „Götzendienst", denn es ist nicht das richtige Abbild vom Urbild, es weist nicht hin auf den Gott Israels, denn es fehlt immer entweder das weibliche oder das männliche Element.

Unsere Sexualität ist die schöpferische Energie kraft derer wir zum anderen Geschlecht hinüberreichen können. Sie soll nicht beliebig einsetzbar sein, sondern in der richtigen Beziehung. Erst in der Postmoderne entstand das Konzept einer theoretisch von unserer geschlechtlichen Identität als Mann und Frau losgelösten Sexualität, als wäre sie freischwebend und wir könnten damit tun, was wir wollten und dann neue Geschlechter erfinden: Homosexuelle, Transsexuelle, Bisexuelle, Pädophile usw. Die Pro-Homosexuellen-Ideologie behauptet, dass alle, die sich selbst suchen, zutiefst homosexuell seien[2]. Im Gegensatz dazu steht aber die grundlegende biblische Aussage zur Ehe, in Genesis 2, 24, direkt im Anschluss an den Freudenruf des Mannes über die Andere, das andere Geschlecht. Jesus wiederholt diese Aussage in Matthäus 19. Nicht die Suche nach uns selbst ist das Ziel menschlicher Beziehungen, sondern das Hinüberreichen zum Du. Die Frage nach dem Bild und der Bestimmung des Menschen ist also die allerwichtigste Frage in der ganzen Frage nach der Homosexualität, denn wenn wir keinen Orientierung mehr haben, keine Vorstellung mehr von unserer Bestimmung, keine Landkarte mehr, die uns die Richtung weist, wie sollen wir dann die wissenschaftlichen Erkenntnisse einordnen können?

Zwei weitere Beispiele

Wie gesagt: Es gibt bisher keinen Beweis dafür, dass jemand homosexuell geboren wird. Es kommt vielmehr darauf an, wie homosexuelle Gefühle und Sehnsüchte gedeutet werden. Die schwulen und lesbischen Vereinigungen sagen uns, es gäbe nur eine Möglichkeit homoerotische Gefühle zu deuten, nämlich eine schwule oder lesbische Identität anzunehmen. Eine schwule oder lesbische Identität zu wählen - die Gefühle wählt man nicht, aber die Identität wählt man - bedeutet, zu einer bestimmten Gruppe, die bestimmte Werte vertritt, gehören zu wollen, es bedeutet Abschied von unserer Kultur und von wichtigen Werten unserer Kultur wie zum Beispiel Familie und Treue. Es gibt aber andere Deutungsmuster homosexueller Gefühle, die von vielen der betroffenen Männer und Frauen als ehrlicher, wahrer und schöner empfunden werden. Dazu zwei Beispiele:

Ein Mann erinnert sich an seine sogenannte erste homosexuelle Erfahrung. Gefragt wie er darüber denkt und gebeten, seine Gefühle möglichst genau zu beschreiben, sagte er: „Als ich 10 Jahre alt war und diesen nackten Mann unter der Dusche sah, hat mich das erregt und

---

[2] Gissrau, B.: Die Sehnsucht der Frau nach der Frau, Stuttgart 1993.

ich dachte sehnsüchtig: Ich wünschte, ich wäre er!" Der Junge war mager, blass und litt unter Asthma, er fühlte sich den anderen Jungen unterlegen. Plötzlich war er mit einem Bild von Männlichkeit konfrontiert, das verschlug ihm den Atem, er reagierte mit erhöhtem Pulsschlag, errötetem Gesicht und Aufgeregtheit, und im Rückblick deutete er dies als homosexuell. In Wirklichkeit hatte er die Anziehungskraft des idealisierten Selbst erlebt. Auf der Suche nach seiner eigenen männlichen Identität hatte er ein Bild von Männlichkeit gesehen. Nun wäre es seine Aufgabe gewesen, Männlichkeit in sich selbst zu entwickeln und zu entfalten. Statt dessen übertrug er seine Sehnsüchte nach Männlichkeit auf andere Männer und suchte später durch Sex in Kontakt zu kommen mit dieser bewunderten „Männlichkeit" anderer. Der homoerotischen Anziehung liegt zutiefst die Bewunderung männlicher - und bei der Frau weiblicher - Eigenschaften zugrunde, die er oder sie in sich selbst noch nicht entfaltet hat.

Ein zweites Beispiel: Ein 10-jähriger und ein 15-jähriger Junge sind gemeinsam in der Umkleidekabine. Der 10-jährige hat eine Erektion und will, dass der Ältere es sieht. Anhänger der Schwulenideologie würden sagen, diese Episode sei ein Ausdruck von sexuellem Angezogensein von Männern, Anzeichen dafür, dass der Jüngere schwul sei. Als der Junge aber gefragt wurde, warum wolltest du, dass der Andere dich sieht, antwortete er: „Ich wollte, dass er meine Männlichkeit wahrnimmt und mich bewundert." Homosexuell Orientierte erzählen immer wieder, dass sie den Eindruck hatten, von ihrem Vater nicht als männliche Wesen gesehen und wahrgenommen zu werden, sondern eher als ein geschlechtsneutrales Kind.

Entwicklung der Homosexualität

Viele Sozialprotokolle homosexuell orientierter Männer belegen immer wieder, dass sie ihre Kindheit und Jugend in folgender Weise erlebten:

Kleinkindphase

Im Alter von etwa 1-3 Jahren bildet sich im Menschen das innere Wissen darum, zu einem bestimmten Geschlecht dazu zu gehören, es bildet sich die Geschlechtsidentität, das Wissen, dass man ein Mädchen oder ein Junge ist. Der Säugling ist noch in einer ganz engen Beziehung zur Mutter, fühlt sich noch eins mit ihr, aber jenseits des Säuglingsalters beginnt der Junge oder das Mädchen wahrzunehmen, dass die Welt um sie herum eingeteilt ist in männlich und weiblich. Sie lernen die Sprache, hören, dass man von „ihr" und „ihm", von „sie" und „er" redet. Der kleine Junge, der entdeckt hat, dass die Menschen in männliche und weibliche eingeteilt sind, weigert sich oft zunächst, eine Entscheidung zu treffen. In seiner Vorstellung kann er einen Penis haben und Kinder bekommen, aber die Wirklichkeit des Lebens steht diesen Phantasien ebenso im Wege wie die Sprache, die zur selben Zeit erlernt wird. Die Annahme der eigenen Geschlechtlichkeit ist ein erster Reifeschritt, ist die Annahme von Grenzen und bedeutet Abschied vom androgynen[3] Allmachtstraum. Der Psychoanalytiker Fast hat das einmal so formuliert: Der Geschlechtsunterschied ist mit einer Entwicklung gleichzusetzen, die von der narzisstischen Annahme, dass einem sämtliche sexuellen und geschlechtlichen Eigenschaften zugänglich seien, hin zur Wahrnehmung der Grenzen führt, die durch die wirkliche Beschaffenheit und die Funktionsweise unseres Körpers gesetzt werden.[4] Bei homosexuell orientierten Männern fällt immer wieder auf, dass sie auch als Erwachsene noch beides, Mann und Frau gleichzeitig, sein möchten.

Anders als das Mädchen - und das ist wohl einer der Gründe, warum es mehr männliche Homosexualität gibt - muss der Junge in diesem Alter nicht nur lernen, dass er getrennt ist von der Mutter, sondern auch, dass er verschieden von ihr ist und dass diese Verschiedenheit darauf beruht, dass er ähnlich ist wie der Vater. Der Junge steht vor der zusätzlichen Herausforderung, sich mit dem Vater identifizieren zu müssen. Das ist ein anstrengendes Unternehmen. Vater und Mutter müssen beide dabei zusammenarbeiten, wenn dieser Entwicklungsschritt gelingen soll. Der Junge sieht den Vater zunächst mit den Augen der Mutter: Welches Bild vermittelt sie vom Vater? Tut er etwas, das Achtung verdient? Ist er wichtig für die Familie? Die Mutter muss auf

---

[3] androgyn = männlich und weiblich zugleich

[4] Fast, I. (1991) zit. nach Friedman, R.: Männliche Homosexualität, Berlin 1993, S. 258

ihre Weise vermitteln, dass Männlichkeit etwas ist, wonach es sich auszustrecken lohnt. Sie muss den Sohn auch loslassen können, z. B., wenn es zu einem Konflikt zwischen Vater und Sohn kommt, darf sie nicht gleich eingreifen und den Sohn wieder in ihren Schoss zurückziehen wollen. Die Gefahr besteht dann, dass er diesen sicheren Schoss nie mehr verlässt. Er bleibt in der weiblichen Welt und die männliche wird ihm nie vertraut.

Wichtiger noch als die Mutter ist jetzt der Vater. Die Aufgabe des Vaters ist es, den Jungen zu ermutigen und die sich in ihm entwickeln wollende Männlichkeit zu bestätigen und zu bestärken.

Bei etwa 90% der homosexuell orientierten Männer kann man davon ausgehen, dass die Identifikation mit dem Vater in diesem Alter nicht gelungen ist. Eine der wichtigsten Studien zur Frage der Ursachen der Homosexualität kommt zu dem Ergebnis: Wir haben keinen homosexuell Orientierten kennengelernt, der eine respektvolle und liebevolle Beziehung zu seinem Vater gehabt hätte.[5] Homosexuell empfindende Männer sind in ihren frühen männlichen Beziehungen verletzte Kinder. Der Vater war nicht da oder die Beziehung zu ihm ist aus irgend einem Grund nicht gelungen. Die Gründe liegen beim Vater und beim Kind und bei der Mutter. Manche Väter klagen, dass der Sohn sie zurückstoße. Wahrscheinlich hat der Junge ein paar Versuche gemacht, auf den Vater zuzugehen, sich mit ihm zu verbinden, hat sich um des Vaters Anerkennung und Zuwendung bemüht, aber er fühlte sich nicht genügend wahrgenommen, nicht angenommen und schließlich hat er verletzt aufgegeben und sich zurückgezogen. Damit hat er nicht nur den Kampf um die Anerkennung des Vaters aufgegeben, sondern oft auch die Eigenschaft zu kämpfen überhaupt. Er hat sich zurückgezogen. Er hat eine Mauer aufgerichtet zwischen sich und dem Vater: Wenn du mich nicht brauchst, brauche ich dich auch nicht. Er lehnt den Vater und was er verkörpert ab: So wie du will ich nie werden. Damit versperrt er sich aber den Weg zur Entwicklung der eigenen Männlichkeit. Im Kind ist etwas zerbrochen, was es später durch sexuelle Beziehungen wieder kitten will. Das bedeutet nicht, dass der Vater „schlechter" als andere wäre, aber die Beziehung zwischen Vater und Junge ist nicht gelungen und der Junge hat das Gefühl: mein Vater nimmt mich nicht so an, wie ich es bräuchte. Mit ihm und dem, was er verkörpert - also auch mit seiner Männlichkeit - will ich nichts mehr zu

---

[5] Bieber, I.: Homosexuality, New York 1962

tun haben. Ein Junge, der sich in diesem Alter innerlich so vom Vater abschneidet, schneidet sich damit den Zugang zur Entwicklung der eigenen Männlichkeit ab. Bald fühlt er sich nicht nur vom Vater entfremdet, sondern auch von den gleichaltrigen Kameraden. Er bleibt in der Gruppe der Mädchen, da fühlt er sich sicherer. Beides, die Entfremdung vom Vater und die Entfremdung von den gleichaltrigen Kameraden, verstärken aber seine Verunsicherung in Bezug auf seine eigene geschlechtliche Identität. Andy Comisky, der selbst viele Jahre lang homosexuell aktiv gelebt hat und noch heute eine weltweite christliche Selbsthilfegruppenarbeit leitet für Leute die Wege heraus aus der Homosexualität suchen, schreibt: „In einem Menschen mit homosexuellen Neigungen wohnt ein inneres Kind, das in seiner geschlechtlichen Identität nie genügend ermutigt wurde durch eine gleichbleibende liebende Beziehung mit einem Angehörigen des eigenen Geschlechts."[6]

Denken wir an das Anfangsbeispiel: schon im Kindergartenalter werden andere Jungen bewundert. Und später nimmt diese Bewunderung erotische Züge an: Die Männlichkeit wird begehrt, weil sie nicht genügend verinnerlicht ist.

Latenzphase

Die Zeit vom 5. Lebensjahr bis zur Pubertät nennen wir die Latenzphase. Wenn heute manchmal gesagt wird, homosexuelle und heterosexuelle Menschen unterschieden sich in nichts außer in ihrer sexuellen Orientierung, so stimmt das nicht. Sämtliche Forscher, seien sie proschwul oder haben sie eine mehr konservative Haltung, haben herausgefunden, dass Jungen, die später homosexuell empfinden, im Alter zwischen 5 und 12 Jahren deutlich weniger an Kampf- und Wettspielen teilnehmen als andere Jungen, sich mehr vor körperlichen Verletzungen fürchten, sich mehr von ihren gleichgeschlechtlichen Kameraden isoliert fühlen und insgesamt in ihrer Selbstwahrnehmung - auch wenn niemand anderes das feststellt - sich als weniger männlich empfinden als die anderen. Wenn es zum sexuellen Missbrauch kommt, fällt er oft in diese Lebensphase. Einer Studie zufolge werden Jungen, die sexuell missbraucht wurden, später sieben mal wahrscheinlicher homosexuell

---

[6] Comiskey, A.: Arbeitsbuch Befreite Sexualität, Wiesbaden 1993, S. 136

als andere Jungen. Auch bei Frauen spielt sexueller oder emotionaler Missbrauch in der Entwicklungsgeschichte zur weiblichen Homosexualität eine wichtige Rolle.

Ein Beispiel eines unserer Freunde, der als Junge sexuell missbraucht wurde, er schrieb: „In meiner Familie gab es viele Probleme und ich war zu Recht oder zu unrecht davon überzeugt, dass mein Adoptivvater mich nicht liebte. Auf jeden Fall hat er niemals etwas getan, das mir Bestätigung gegeben hätte. Wenn ich nicht Liebe und Bestätigung von Männern gesucht hätte, hätte mich das Missbrauchserlebnis wohl abgestoßen, aber ich war offen dafür und die Erfahrung, dass ein Erwachsener sich für mich interessierte, beeindruckte mich so tief, dass Männerphantasien Teil meines Lebens wurden." Es war Noel Mosen, der im Alter von 7 Jahren von einem Pfarrer sexuell missbraucht wurde, später einer der führenden Homosexuellen Neuseelands wurde, dann ein entscheidendes Christus-Erlebnis hatte und heute eine Arbeit leitet, die anderen Menschen aus der Homosexualität heraushilft.

Pubertät

In der Pubertät sind die psychologischen Grundlagen für die sexuelle Orientierung in der Regel gelegt, denn das Selbstbild und die Selbstwahrnehmung als männlicher oder weiblicher Mensch haben sich bereits weitgehend geformt. Wenn man heute sagt, es gibt Gründe, warum jemand homosexuelle Gefühle hat, wird einem manchmal geantwortet, man solle genauso die Gründe für heterosexuelle Gefühle untersuchen. Aber die Gründe sind dieselben: Wir alle suchen Ergänzung. Wir alle verlieben uns in das Andere, in das Fremde, das, was wir selbst nicht sind. Brüderliche Vertrautheit, Selbstverständlichkeit führt nicht zum erotisch Prickelnden. Das Andere, das Geheimnisvolle ist das erotisch Anziehende. Der heterosexuelle Junge verliebt sich in das Mädchen, weil Weiblichkeit für ihn ein Geheimnis ist. Der homosexuell orientierte Junge verliebt sich in sein eigenes Geschlecht, weil es ihm nicht vertraut ist.

Der homosexuell orientierte Erwachsenen überträgt später die Haltung, die er früher gegenüber seinem Vater hatte, auf andere Männer.

Auf der einen Seite fühlt er sich von ihnen angezogen, er braucht sie, er will ihre Nähe. Jemand sagte mir: „Einmal hätte ich einen Mann beinahe erdrückt, ich wollte ihn in mich hineindrücken, ihn in mich aufnehmen." Auf der anderen Seite hat er Angst vor erneuter Zurückweisung, vor Ablehnung und Kritik und stößt den anderen Mann von sich. Diese Ambivalenz, das „ich brauche dich" und gleichzeitig „komm mir nur nicht zu nahe", ist ein charakteristischer Teil homosexueller Beziehungen und mit ein Grund, warum es in männlichen homosexuellen Beziehungen so viel Promiskuität, also wechselnde Sexualkontakte, gibt. Gestern wurde die Frage gestellt, was denn sei, wenn ein Pfarrer homosexuelle Gefühle hat und sich zu anderen Männern hingezogen fühlt. Aber genau davor sollten wir unsere Berührungsängste verlieren. Das ist nichts Besonderes. Es ist der verständliche Wunsch nach Anschluss an die Männlichkeit. Nur wird dieses Bedürfnis nie wirklich durch Sex beantwortet. Wir müssen aber in unseren Gemeinden lernen, es auf konstruktive Weise zu beantworten. Und wir müssen näher hinsehen lernen. Dann sehen wir, dass es nicht nur ein „Angezogensein von Männern" sondern gleichzeitig immer auch ein Abstoßen von Männern ist. Es ist fast immer diese Ambivalenz. Oft haben wir ein zu idealistisches Menschenbild und denken, „so etwas" sollte in unseren Gemeinden nicht vorkommen. Es kommt aber vor! Homosexualität ist zutiefst nichts anderes als eine Beziehungsstörung. Und wir alle haben in unserem Leben Störungen, Zerbrochenheiten, Verletzungen, Dinge, die nicht in Ordnung waren, Probleme in unseren Beziehungen und mit unserer Sexualität - nur eben auf andere Weise. Da ist keiner von uns besser oder schlechter. Die entscheidende Frage ist allerdings: Wie will ich damit umgehen? Christliches Leben erweist sich nicht darin, dass wir immer alles „richtig" gemacht haben, sondern darin, dass wir immer wieder neu aufstehen und unserer „himmlischen Berufung" (Phil. 3) nachlaufen, nachstolpern, nachjagen. Da sind wir wieder bei der Frage nach der Bestimmung des Menschen. In Philipper 3 werden wir aufgerufen, als Zielmenschen zu leben, zu vergessen, was dahinten ist und der himmlischen Berufung nachzujagen. Von dieser himmlischen Berufung, davon also, was Menschsein für uns Christen bedeutet, müssen wir eine Vorstellung haben und müssen wir als Kirche eine Vorstellung vermitteln, damit Menschen wissen, wonach sie sich ausstrecken können. Damit Menschen sich nicht verurteilt fühlen, die Gefühle, die sie heute haben, in einer falschen Identität zu zementieren, was nur Hilflosigkeit gegenüber diesen Gefühlen zurückläßt. Das Motto ist dann: Ich habe halt diese Gefühle, ich kann nichts machen. Wir müssen als Kirche Zielvorstellungen vom Menschsein aufzeigen - und das heißt, uns selbst und andere wieder mit der Bibel vertraut machen.

Schluss

Wenn heute gefragt wird, was ist Homosexualität, kann man drei ganz verschiedene Antworten bekommen:

Die erste Antwort: „Homosexualität ist angeboren, gut und unveränderbar."
Für das Angeborene gibt es bisher keine Beweise, aber wir haben auch gesagt, ob angeboren oder nicht, - wir müssen doch entscheiden, ob es gut ist oder nicht, da hilft uns die wissenschaftliche Forschung allein nicht weiter. Eine neuere Studie aus Kanada weist nach, dass die Lebenserwartung homosexuell lebender Männer etwa 8-20 Jahre kürzer ist als die Lebenserwartung anderer Männer. Wie sollen wir das beurteilen? Vielleicht sagt jemand: Ja, zwar kürzer, aber dafür hat es mehr „Spaß" gemacht. Ich halte das für eine zynische Bemerkung, aber es bleibt die Frage nach dem, was gut ist und nicht gut ist.
Wenn in unserer Gesellschaft jetzt überlegt wird, homosexuelle Partnerschaften der Ehe gleichzustellen oder fast gleichzustellen, so ist darauf zu sagen: Eine Gesellschaft, die den Unterschied zwischen homosexueller Partnerschaft und Ehe nicht mehr kennt, kennt den Unterschied zwischen Tod und Leben nicht mehr. Das Spermium des Mannes kann Frucht bringen, wenn es in den Schoss der Frau fällt, die Bestimmung des Menschen kann es aber nicht sein, dass seine DNS, das im Spermium enthaltene Erbgut, nur im Enddarm eines anderen Mannes und damit im Abfall verschwindet. „Homosexualität ist unveränderbar" - es gibt zahlreiche Beweise auf zwei Beinen, dass dieser Satz nicht stimmt.

Die zweite Antwort, die ich in der letzten Zeit häufiger gehört habe, ist: „Was Homosexualität ist, wissen wir nicht. Auf keinen Fall sollten wir versuchen, mögliche Ursachen zu finden, wir sollten Homosexualität einfach annehmen als sexuelle Variante." Der frühere, erste Vorsitzende des Schwulenverbandes Deutschlands hat sich einmal so geäußert: Jede Erforschung der Ursachen der Homosexualität steht in der Tradition der menschenverachtenden Medizinversuche in den nationalsozialistischen Konzentrationslagern.[7] Dahinter steht eine solche Tabuisierung der Frage, was ist Homosexualität? Alles darf man heute untersuchen, nur das eine angeblich nicht. Warum? Vielleicht weil, wer fragt, auch eine Antwort bekommt. Und weil die Antwort eben politisch nicht korrekt ist, die Antwort ist nämlich, dass Homosexualität eine Entwicklungsstörung ist.

Die dritte Antwort: „Homosexualität ist eine psychosexuelle Entwicklungsstörung." Homosexualität ist keine sexuelle Angelegenheit, sondern Ausdruck eines unbewussten Identitätskonfliktes. Zahlreiche Forschungen gibt es, die darauf hinweisen, dass ein Mensch mit einer gewissen Wahrscheinlichkeit homosexuell wird, wenn er in der Kindheit bestimmten seelischen Verwundungen und Störungen innerhalb der Familienstruktur ausgesetzt war. Dazu gehören z.B. bestimmte Schwierigkeiten in den familiären Beziehungen während der Kleinkindphase, sexueller Missbrauch, seelische Verletzungen und daraus folgend Verunsicherungen in der geschlechtlichen Identität.

Meine Erfahrung ist aber: Erst wenn jemand anders werden möchte, wenn jemand seine Homosexualität hinter sich lassen möchte, weil er etwas anderes vor Augen hat, weil er eine neue Sehnsucht im Kopf hat, ist er auch willig, sich dem schwierigen Prozess der Veränderung zu stellen.

---

[7] DER SPIEGEL 30, 1993, S. 170

Zur Ehe heute

*Stellungnahme der Bundesleitung
des Bundes Freier evangelischer Gemeinden
vom April 1998*

Die Veränderungen in der gesellschaftlichen Einstellung zur Ehe und zum Zusammenleben der Geschlechter haben auch in den Kirchen eine lebhafte Diskussion über diese Fragen ausgelöst. Einzelne Veröffentlichungen stellen die Leitbildfunktion von Ehe und Familie in Frage. In dieser Situation wollen wir deshalb neu fragen, welche ethischen Weisungen sich für Christen aus dem biblischen Verständnis der Ehe ergeben. Die vorliegende Stellungnahme des Bundes Freier evangelischer Gemeinden soll als Hilfe zu einem gelingenden Leben dienen. Sie will als Orientierungshilfe zur Meinungsbildung der verantwortlichen Leiter in den örtlichen Gemeinden beitragen, ohne die Verantwortung für notwendige Einzelentscheidungen, praktische Hilfe in der konkreten Situation und die persönliche seelsorgliche Begleitung vor Ort abzunehmen.

1. Wertewandel in der Gesellschaft [1]

In den letzten 30 Jahren hat sich ein Wandel der gesellschaftlichen Verhältnisse und Lebenseinstellungen vollzogen. Die Gesetzgebung orientiert sich zunehmend nicht mehr an christlichen Wertmaßstäben; sie paßt sich den veränderten Moralvorstellungen der Menschen an. So entsteht aus einem verbreiteten sittlichen Verhalten neues Recht. Als erlaubt gilt im Bewußtsein vieler Menschen aber das, was durch das geltende Recht nicht verboten ist. Die individuelle Selbstverwirklichung hat einen hohen Stellenwert erhalten. Viele Menschen streben vor allem danach, autonom bzw. unabhängig zu sein und ihre individuellen Bedürfnisse zu befriedi-

---

[1] Viele Beobachtungen zum Wertewandel in der westlichen Gesellschaft sind dem Aufsatz von Ulrich Eibach entnommen: Lebensformen der Geschlechter und der Wertewandel. Eine Gegenposition zum Diskussionspapier der Evangelischen Kirche im Rheinland „‚Sexualität und Lebensformen' sowie ‚Trauung und Segnung'"; in: Theologische Beiträge 28, 1997, S. 318-342.

gen, besonders ihr Bedürfnis nach Glück. Als Norm wird oft nur noch anerkannt: Alles ist erlaubt, was dem eigenen Glück dient, soweit es vom anderen gebilligt wird, mit dem und durch den man sein Glück erstrebt. Da viele Menschen in weitem Maße nur noch diesseits orientiert leben, erwarten sie das Glück ihres Lebens nicht mehr von Gott, sondern der Mensch muß sein Glück selbst schaffen, sein „Leben gewinnen", um es hier und jetzt genießen zu können. Dabei konzentriert sich die Sehnsucht nach Glück auf das Glück in der Liebe. Liebe wird heute weitgehend verstanden als subjektives Gefühl, das auf gegenseitige Beglückung ausgerichtet ist. Sie wird zu einem inhaltslosen Begriff, der von jedem mit beliebigem Inhalt gefüllt werden kann. In der so verstandenen Liebe spiegelt sich der Individualismus unserer Zeit und das Streben nach Glück hier und jetzt, nach dem lustvollen Augenblick, der oft vor allem in der sexuellen Lust gesucht wird. Viele Menschen erwarten vom Partner in der Ehe und in anderen Lebensformen immer mehr an persönlichem Glück, an sexueller Erfüllung, an Zärtlichkeit, Geborgenheit, Verstehen, Anerkennung usw. Die Erfahrung von Glück in der Liebe wird zum fast allein ausschlaggebenden Zweck von Partnerschaft und Ehe. Die Ehe wird vor allem als eine Liebesgemeinschaft und immer weniger als eine auf Dauer ausgerichtete Lebensgemeinschaft verstanden. Wenn der Partner die Glückserwartung nicht mehr erfüllen kann, führt dies leicht zur Beendigung der Ehe bzw. anderer gemeinsamer Lebensformen. Die weiter ansteigenden Scheidungszahlen belegen dies.

Bei der individuellen Selbstverwirklichung ist neben der Suche nach Glück das Streben nach Autonomie bestimmend. Die Ehe wird zunehmend als Privatangelegenheit betrachtet und nicht mehr als gesellschaftlich vorgegebene Lebensform. Sie wird allein durch die Partner begründet und nach ihren persönlichen Bedürfnissen gestaltet. Angesichts alternativer Lebensformen prüft der einzelne, ob die Ehe für ihn die bestmögliche Lebensform ist, um das Bedürfnis nach Glück zu befriedigen, ohne dem Bedürfnis nach autonomer Selbstverwirklichung im Weg zu stehen. Wenn Menschen sich von diesen Bedürfnissen leiten lassen, bejahen sie zwar eine Beziehung, lehnen aber eine Bindung auf Dauer ab. Wer nach diesem Grundsatz lebt, opfert dem persönlichen Glück schnell das gemeinsame Leben. So werden Ehen geschieden und die Partner gewechselt, um die individuellen Bedürfnisse mit einem anderen Partner zu befriedigen. Oder es werden von vornherein andere Lebensformen gewählt (z.B. „freie Partnerschaften", „Ehe auf Zeit"), bei denen der Partner einfacher gewechselt werden kann. Mehr als viermal so häufig wie verheiratete Eltern trennen sich unverheiratet zusammenlebende Eltern vor dem 18. Lebensjahr der Kinder.

Wechselnde Partner sind ein Ausdruck der Suche nach Lebensglück, insbesondere bei Jugendlichen. Sie hoffen, daß der neue Partner das zu geben vermag, was man beim anderen vergeblich suchte. Die sehr hohe Scheidungsrate bei Zweitehen zeigt, daß viele Menschen eher die Partner wechseln, als ihre subjektiven Erwartungen an eine Partnerbeziehung zu ändern. Der beschriebene Wertewandel in der Gesellschaft führt verstärkt zu Ehescheidungen. Viele Ehen scheitern an überhöhten Glückserwartungen und Ansprüchen an den Partner. Andere Menschen gehen überhaupt keine Ehe mehr ein, weil sie Angst haben, daß ihre Glückssehnsucht enttäuscht wird oder daß eine Ehe sie in ihrem Streben nach Autonomie einengt. Statt dessen sucht man andere Formen des Zusammenlebens - für begrenzte Zeit, für bestimmte Abschnitte des Lebens, mit wechselnden Partnern und ohne verbindliche Lebensgemeinschaft.

Der Wertewandel in der Gesellschaft wirkt sich auch in unseren Gemeinden aus. In dieser Situation will diese Stellungnahme den in der Heiligen Schrift bezeugten Willen Gottes aufzeigen und Orientierung für ein gelingendes Leben entsprechend den guten Ordnungen Gottes geben.

2. Biblische Grundlage

Gott hat den Menschen als Mann und Frau zu seinem Gegenüber erschaffen (1. Mose 1, 27f). Das zeigt nach Jesu Worten, daß Mann und Frau in der Ehe zusammengehören, so daß sie zu „einem Leib" werden, d.h. sie bilden eine umfassende persönliche Gemeinschaft auf allen Gebieten, in die ihre sexuelle Beziehung eingebettet ist (1. Mose 2, 18-25; Mt 19, 4-6; Mk 10, 6-9). In dieser Ordnung für das Zusammenleben von Mann und Frau kommt Gottes guter Schöpferwille für den Menschen zum Ausdruck. Kinder gehören als Segen Gottes zu dieser Partnerschaft von Mann und Frau, die deshalb die grundsätzliche Bereitschaft zum Kind einschließt und zur Familie hin offen ist (1. Mose 1, 27f; Ps 127, 3). Gott fügt einen Mann und eine Frau zusammen, damit sie einander erfreuen, ergänzen, ermutigen und tragen. Die Ehe soll als Raum der Liebe für die einmalige, von Gott geschenkte Partnerschaft von Mann und Frau geschützt sein.

Liebe ist in der Bibel kein inhaltsloser Begriff, den die Partner beliebig füllen können. Sie ist auch nicht primär ein subjektives Gefühl, sondern ein Beziehungsgeschehen zwischen Partnern. Sie richtet sich zunächst auf das gemeinsame Leben, in dem die Partner füreinander sorgen und einstehen (1. Kor 13, 7). Die Liebe steht also nicht im Widerspruch zu den Lebensordnungen und Geboten, die Gott gegeben hat, damit das Leben gelingen kann, sondern die Liebe erfüllt diese (Röm 13, 9f; Gal 5, 14; 6, 2; 1. Joh 5, 2).

Indem die Bibel in der Ehe ein Gleichnis des Bundes Gottes mit seinem Volk und der Beziehung Jesu Christi zu seiner Gemeinde sieht, wird deutlich, daß die lebenslange Treue zur Ehe unbedingt dazugehört. Sie soll - wenn auch in unvollkommener Form - die Treue Gottes, seine unverbrüchliche liebende Zuwendung zum Menschen, widerspiegeln (Hos 2, 21f; Mal 2, 10.14-16; Spr 2, 17; Eph 5, 25-33). In der Ehe sollen sich beide Partner auf die Treue des anderen verlassen können. Durch sie wird die Liebesgemeinschaft zu einer Lebensgemeinschaft. Die Ehe ist nach Gottes Willen eine lebenslange Partnerschaft von einem Mann und einer Frau, die Gott zusammengefügt hat (Mt 19, 6; Mk 10, 9).

Weil die Ehe der von Gott gewollte Raum für eine lebenslange Gemeinschaft von Mann und Frau ist, verbietet Jesus den Ehepartnern, sich voneinander zu scheiden. Der Mensch soll nicht trennen, was Gott zusammengefügt hat. Damit erklärt Jesus die Praxis vieler Männer, sich von ihrer Frau zu scheiden, um eine andere zu heiraten, für Hartherzigkeit, d.h. für uneinsichtigen Ungehorsam gegenüber dem Willen Gottes (Mt 19, 3-9; Mk 10, 2-9). Das Verständnis von Ehe als einer nur für eine bestimmte Zeit geltenden Partnerschaft widerspricht dem Willen des Schöpfers.

Die Auflehnung des Menschen gegen Gott und seine Ordnungen hat Folgen für alle Bereiche seines Lebens. Durch die Sünde werden auch die Beziehungen zwischen Mann und Frau gestört, so daß Mißtrauen, Angst, gegenseitige Anklage, Nichtverstehen, Herrschaft des Mannes über die Frau und sexuelle Abhängigkeit entstehen (1. Mose 3, 7.10.12.16f). Jesus Christus hat durch seine Erlösung die Trennung des Menschen von Gott überwunden, und das verändert auch die Beziehungen der Menschen, die an ihn glauben (Gal 3, 28). Weil sie von Gott geliebt sind und Christi hingebende Liebe ihr Vorbild ist, können sie ihre Ehe aus der Kraft der Liebe Gottes gestalten, so daß sie einander lieben, um Vergebung bitten, wo sie den Partner verletzt haben, Vergebung gewähren, wie ihnen vergeben wurde, Belastungen und Not gemeinsam tragen und einander die Treue halten (Eph 5, 21-33; Kol 3, 13f; Tit 2, 4f; 1. Petr 3, 7).

Das Neue Testament nennt keine besondere christliche Form der Eheschließung, sondern die Christen haben die Ehe in den institutionellen Formen ihrer Zeit geschlossen. Die christliche Ehe ist also nicht an eine bestimmte Form der Eheschließung gebunden, doch ist für die Beteiligten wie für ihre Umgebung stets klar, wer verheiratet ist und wer nicht. Grundlegend für den Beginn der Ehe ist daher, daß die Partner gegenseitig und vor der Öffentlichkeit ihren Willen zur Ehe, d.h. zu einer dauernden Lebensgemeinschaft, bekunden.

Der Vollzug geschlechtlicher Gemeinschaft ist in der Bibel in die umfassende Lebensgemeinschaft der Ehe eingeordnet. Daraus folgt zum einen, daß sexuelle Beziehungen eines Ehepartners außerhalb der Ehe als Ehebruch gewertet werden. Ehebruch verletzt die von Gott gewollte Treue und Liebe der Ehepartner und zerstört ihre Ehe (2. Mose 20, 14; Mt 5, 27f.32; 19, 9; Röm 13, 9f). Zum anderen entsprechen sexuelle Beziehungen vor der Ehe - bzw. ohne daß eine Ehe eingegangen wird - nicht dem Willen Gottes. Im Alten Testament sollen deshalb zwei Menschen, die Geschlechtsverkehr hatten, heiraten (2. Mose 22, 15; vgl. 5. Mose 22, 28f); im Neuen Testament ergibt sich aus 1. Kor 7, 2 eindeutig, daß die geschlechtliche Gemeinschaft nur innerhalb der Ehe ihren legitimen Platz hat.

Weil die Ehe eine lebenslange Gemeinschaft ist, soll sie nicht geschieden werden. Jesus nennt eine Ausnahme vom Verbot der Ehescheidung. Wenn ein Partner die Ehe bricht, kann der andere sich von seinem Ehepartner scheiden lassen (Mt 5, 32; 19, 9). Durch den Ehebruch und die Untreue eines Partners ist die Ehe zerstört, so daß hier nicht mehr Ehe nach Gottes Willen besteht. Die Scheidung vollzieht nur nach, was durch den Ehebruch bereits geschehen ist. Durch Versöhnung kann die Fortsetzung der Ehe ermöglicht werden, auch wenn dies für beide Partner nicht leicht ist (vgl. 1. Kor 7, 10f). Paulus gibt - abweichend vom Scheidungsverbot Jesu - den Christen den Rat, die vom ungläubigen Ehepartner verlangte Scheidung nicht um jeden Preis verhindern zu wollen, sondern ihr zuzustimmen, wenn ihre Ehe so zerrüttet ist, daß sie nicht mehr im Frieden miteinander leben können, d.h. in einer von gegenseitiger Annahme bestimmten Beziehung, in der der Christ seinen Glauben leben kann (1. Kor 7, 12-16).

Sowohl in Mt 19, 9 als auch in 1. Kor 7, 15 läßt sich nicht eindeutig entscheiden, ob die von Jesus bzw. von Paulus als Ausnahme zugestandene Ehescheidung auch die Möglichkeit einschließt, danach erneut zu heiraten.

3. Folgerungen für das Leben von Christen

Weil Gott sich uns in Jesus Christus zugewandt hat, werden wir durch seine Liebe zu freien Menschen. Die durch Christus geschenkte Freiheit kann deshalb ebenfalls nur in der Liebe zum anderen Menschen gelebt werden (Gal 5, 13f). Gott hat uns seine Ordnungen gegeben, damit wir wissen, wie wir in Liebe so zusammenleben, daß unser Leben gelingt. Deshalb schützt Jesus im Evangelium die Ehe als Raum der Liebe für die einmalige, von Gott geschenkte Partnerschaft von Mann und Frau. Die christliche Gemeinde hat die biblischen Ordnungen und Weisungen Gottes durch Verkündigung, Lehre, Seelsorge und Lebensberatung in die jeweilige Zeit zu übersetzen und weiterzugeben. Sie bietet ihren Gliedern dadurch Orientierung für ein gelingendes Leben entsprechend den guten Ordnungen Gottes an und hilft ihnen, mit ihrer Lebensführung Zeugnis für Jesus Christus, ihren Herrn, abzulegen. Unsere Gesellschaft braucht Ehen und Familien, die modellhaft Orientierung vermitteln, indem sie sich nach den heilsamen Maßstäben Gottes richten.

1. Christen verstehen ihre Liebe und die Ehe als Geschenk Gottes. Darum werden sie bei der Partnerwahl - neben den wichtigen Gesichtspunkten der persönlichen Zuneigung, der erotischen Anziehung und der Entsprechung in vielen Grundfragen des Lebens - vor allem nach dem Willen Gottes fragen.
Die Eheschließung zwischen einem an Jesus Christus glaubenden Menschen und einem Partner, der diesen Glauben nicht teilen kann, führt zu unvermeidlichen Spannungen zwischen einer ganzen Hingabe an Gott und der umfassenden Lebensgemeinschaft in einer Ehe und entspricht so nicht dem Willen Gottes.

2. Ehe ist Geschenk und Aufgabe. Mit der Eheschließung beginnt die gemeinsame Aufgabe der Ehepartner, ihre Lebensbezüge miteinander zu gestalten. Sie wollen einander beglücken und beistehen, einander zur Freude verhelfen und im Leid helfen. Die Herrschaft ihres Herrn Jesus Christus wird sich - dem Eheversprechen gemäß - im Alltag auswirken: Mann und Frau ordnen sich gemeinsam Christus unter, sie nehmen sich als gleichwertig an mit unterschiedlichen Gaben und Aufgaben und bejahen ihre jeweils besondere Verantwortung in der Familie. Sie erbitten von Gott immer neu die Kraft, gemäß ihrem Eheversprechen zu leben, und es in der Kraft des Glaubens, daß Gott sie zusammengefügt hat, zu erneuern. Sie sind bereit, einander zu vergeben, sich zu versöhnen und sich zu mühen, Konflikte zu lösen. Ihre Ehe schließt das gesamte Leben mit seinen Höhen und Tiefen ein.

Es ist auch eine Aufgabe für die Gemeinde, die Ehen und Familien zu fördern und zu festigen. Sie soll ihnen durch Unterweisung, Beratung und seelsorgliche Begleitung zur Seite stehen.

3. Zur Ehe gehört das grundsätzliche „Ja" zu eigenen Kindern und die Offenheit zur Familie hin. In der Familie und durch sie nimmt der einzelne in erster Linie Verantwortung wahr für die größeren Lebenszusammenhänge der Gesellschaft wie auch für den Generationenzusammenhang. Familienplanung muß nicht vor der Gemeinde oder der Gesellschaft, sondern vor Gott verantwortet werden. Die Wahl empfängnisverhütender Mittel bleibt den Eheleuten überlassen. Ausgeschlossen ist jede Form der Abtreibung als Tötungshandlung ungeborenen menschlichen Lebens - ausgenommen ist eine eng gefaßte medizinische Indikation, wenn das Leben der Mutter bedroht ist. Künstliche Befruchtung ist kein Mittel zum Wunschkind. Je nach Einzelfall ist in Verantwortung vor Gott diese Methode einzusetzen oder abzulehnen. Es gibt kein Recht auf eigene leibliche Kinder. Fremde Samen- und Eispende sowie Leihmutterschaft sind abzulehnen, weil dann biologische Elternschaft und soziale Elternschaft auseinanderfallen und es dadurch dem Kind erschwert wird, seine eigene Identität zu finden. Wenn Ehepaare keine eigenen Kinder bekommen können, ist die Möglichkeit, andere Kinder zu adoptieren, vor Gott zu prüfen.

4. Die Eltern sind durch ihr Verhalten und ihre Worte für die Erziehung junger Menschen auch in Fragen der Partnerschaft und Sexualität verantwortlich. Diese Verantwortung kann nicht an Dritte, etwa die Schule, delegiert werden. Die Verantwortung der Eltern wird ergänzt durch die Unterweisung der Gemeinde und das Beispiel ihrer Glieder. Im Rahmen der Jugendarbeit, der Gespräche mit Verlobten (u.a. Traugespräch), der Eheseelsorge und der Angebote für Alleinstehende geschieht evangeliumsgemäße Anleitung und Beratung.

5. Die Formen der Eheschließung verändern sich im Lauf der Geschichte. Zu allen Zeiten war und ist aber christliche Ehe keine Privatangelegenheit zwischen zwei Menschen, sondern zu ihr gehört grundlegend der vor der Öffentlichkeit bekundete Wille zur lebenslangen Ehe. So beginnt in unserem Kulturraum die Ehe mit dem öffentlich-rechtlichen Akt der Eheschließung auf dem Standesamt. Wer diesen öffentlich-rechtlichen Akt der Eheschließung verweigert, bekundet damit, daß er (noch) keine lebenslange Ehe eingehen will. Daher begründet ein nur privates Treueversprechen keine Ehe. Die Trauung in der Gemeinde, die dem „Ja" vor dem Standesbeamten und damit zugleich vor Gott möglichst zeitnah folgt, ist a) Ausdruck der Freude der Gemeinde über das Geschenk der Ehe, b) der Ort für ein Treuegelöbnis, die Ehe nach den Weisungen der Heiligen Schrift leben zu wollen, und c) der Ort des Segens und der Fürbitte für das neuvermählte Paar.

6. Ehe bleibt auch dann Ehe, wenn Teile der Lebensgemeinschaft nicht mehr vollzogen werden können und dadurch das Zusammenleben belastet wird. Wenn in diesen Lebensphasen einer der Ehepartner die Last des anderen auf sich nehmen und mittragen muß, erfüllt er das „Gesetz Christi" (Gal 6, 2). Eine Ehe scheitert daran nicht, sondern erhält dann als Aufgabe einen veränderten Inhalt. Es gibt kein Recht auf Erfüllung aller eigenen Bedürfnisse in der Ehe und kein Recht auf Scheidung oder außereheliche sexuelle Beziehungen.

7. Ehebruch im Sinn der Bibel beginnt nicht erst beim Geschlechtsverkehr mit einem Dritten, sondern bereits mit dem Entzug von Liebe und Achtung. Er setzt sich fort im Abbruch der verschiedenen persönlichen Gemeinschaftsbereiche, bis er schließlich einmündet in die Verbindung mit einem anderen Partner außerhalb der Ehe. Ehebruch begeht nicht nur der, der aus seiner eigenen Ehe ausbricht, sondern auch der, der in eine fremde Ehe einbricht.

8. Für die Bibel ist die geschlechtliche Gemeinschaft zwischen Mann und Frau eingebettet in eine umfassende, intime und bis ins Rechtliche hinein verbindliche Lebensgemeinschaft der Ehe. Sie bedarf dieses Schutzraums auf Dauer. Deshalb widerspricht der außereheliche Geschlechtsverkehr der Ordnung Gottes und ist Sünde. Dies gilt auch für „eheähnliche Gemeinschaften", für das Zusammenleben von Verlobten, das „Zusammenleben auf Probe", um die Chancen für eine gelingende Ehe zu erkennen, und auch für das mehr oder weniger auf Dauer angelegte Zusammenleben im Sinn der „Lebensabschnittspartnerschaft" oder für den Verzicht auf die Eheschließung zum Erhalt der Witwer- bzw. Witwenrente bei älteren Menschen.

9. Wo Menschen von Gottes guter Lebensordnung für das Zusammenleben von Mann und Frau abweichen und ihre sexuellen Beziehungen in nicht auf Dauer angelegten bzw. außerehelichen Beziehungen leben, bleibt dies nicht ohne negative Folgen. Kennzeichnend sind folgende medizinisch-psychologische Auswirkungen:
Weil die Zahl der Menschen, die mehrere Geschlechtspartner in ihrem Leben haben, drastisch zunimmt, kommt es vermehrt zu sexuell übertragbaren Krankheiten wie Syphilis, Gonorrhoe und auch AIDS, zu Virusinfektionen im Genitalbereich und bei einer wachsenden Zahl jüngerer Frauen zu Krebsvorstufen oder Gebärmutterhalskrebs.
Weil bei Jugendlichen der erstmalige Geschlechtsverkehr zunehmend früher stattfindet, werden Reifeschritte in der Entwicklung eines Menschen und einer Beziehung mit negativen Folgen übersprungen. Verzichten lernen, Verantwortung übernehmen und Vertrauen wachsen lassen sind unverzichtbar für das Erwachsen-Werden - unabhängig vom biologischen Alter. Es sind Voraussetzungen für gelingende Lebenspartnerschaft. Sexuelles Erleben in einer unverbindlichen, ungeschützten Partnerschaft ist auf Dauer nicht befriedigend und angstfrei.

10. Eine ungewollte Schwangerschaft wird in einer „freien Partnerschaft" schnell zum Prüfstein. Oft drängt der männliche Partner dann zum Schwangerschaftsabbruch, zur Tötung des ungeborenen Kindes. Das häufige Argument schwangerer Frauen vor dem geplanten Abbruch „alleine schaffe ich es nicht mit Kind" zeigt, daß ein ungeborener Mensch die Folgen unbedachten Handelns bzw. mangelnder Bereitschaft, Verantwortung für das Kind zu übernehmen, zu tragen hat. Die seelischen Auswirkungen für die Frau - und für den Mann - sind kaum noch zu übersehen.

11. Ehescheidung entspricht nicht der Lebensordnung des Schöpfers und ist Schuld vor Gott und gegenüber dem Ehepartner. Wenn sich infolge tiefgreifender Schädigung der Ehe eine Scheidung anbahnt, ist es Aufgabe der Gemeinde, alle ihre Möglichkeiten einzusetzen, um der gefährdeten Ehe zur Heilung und zum Fortbestand zu helfen. Eheseelsorge ist frühzeitig und nicht erst in solch zugespitzten Krisen wahrzunehmen. Wenn das Scheitern einer Ehe unvermeidbar erscheint, soll die Gemeinde für die Ehepartner beten, mit ihnen sprechen und sie, wo Schuld vorliegt, zur Umkehr ermahnen, damit durch Vergebung vielleicht doch noch eine Heilung der ehelichen Beziehung möglich wird. In einzelnen Ausnah-

mefällen kann die Gemeinde einer Ehescheidung zustimmen, wenn ein erzwungenes Zusammenleben für die Betreffenden zu größerem Leid und größerer Schuld führt. So haben Jesus und auch Paulus um der Menschen willen Ausnahmen vom Verbot der Ehescheidung zugestanden.
Über Konsequenzen für die Zugehörigkeit zur Gemeinde und die Mitarbeit in ihr wird die Gemeindeleitung jeweils im konkreten Einzelfall entscheiden müssen. Auf jeden Fall müssen durch das Verhalten der Betroffenen (etwa durch Schuldeingeständnis) und der Gemeinde (durch Verkündigung und Begründung ihrer Entscheidungen) die Maßstäbe Gottes in ihrer Gültigkeit deutlich erkennbar bleiben. Dies gilt entsprechend im Fall einer Wiederheirat Geschiedener.

12. Da sich in Mt 19, 9 und 1. Kor 7, 15 nicht eindeutig entscheiden läßt, ob dort Geschiedenen zugestanden wird, erneut zu heiraten, können zum einen Geschiedene nicht ohne weiteres wieder heiraten noch kann die Gemeinde generell eine Wiederheirat verbieten. Eindeutig widerspricht aber eine Scheidung mit dem Ziel, eine andere Frau bzw. einen anderen Mann zu heiraten, dem Willen Gottes; dann bedeutet eine Wiederheirat Ehebruch.
Eine Ehescheidung ist mit Schuld von beiden Partnern verbunden. Daher gehören zur Verarbeitung einer Ehescheidung mit seelsorglicher Begleitung Einsicht in eigene Schuld, Umkehr und Vergebung. Dann kann Gott, der den Menschen bis in seine Tiefen kennt, ihm einen Neuanfang ermöglichen - vielleicht nach einer gewissen Zeit auch in einer neuen Ehe, die seinem Willen für diese Menschen entspricht. Wer sich einem solchen schmerzlichen, aber heilsamen seelsorglichen Prozeß nicht stellen will, sollte keine neue Ehe eingehen und seine eigenen Wünsche nicht für den Willen Gottes halten.
Weil Gott uns Menschen kennt und liebt, hat er uns seine Ordnungen gegeben. Weil Jesus Christus für uns gestorben ist, vergibt er uns unsere Schuld, wenn wir sie bekennen, und ermöglicht uns so einen Neuanfang. Gottes Verheißung gilt uns, wenn wir unsere Beziehungen innerhalb der von ihm als heilsamer Ordnung vorgegebenen Formen gestalten. Als Hilfe zu einem gelingenden Leben soll diese Stellungnahme dienen.